Zu diesem Buch

Obwohl wir allmählich in einer Informationsflut zu ertrinken drohen, können wir es uns nicht leisten, wichtige Informationen einfach zu ignorieren. Im Gegenteil: Um den ständig steigenden Anforderungen, die unser gesellschaftliches und berufliches Leben von uns fordert, gerecht zu werden, müssen wir immer mehr Informationen aufnehmen und kritisch verarbeiten. 85 Prozent des Gelernten haben wir durch Lesen erworben; Lesen ist lernen und umgekehrt. Wollen wir also «mithalten», dann müssen wir Abschied nehmen von zeitraubenden Lesegewohnheiten wie Vokalisieren, Buchstabieren usw. Höhere Lesegeschwindigkeiten, bessere Selektionstechnik und sicheres Behalten sind für jeden von uns unumgänglich. Ernst Ott bietet hier einen 25-Tage-Kurs an, der niemanden zeitlich oder geistig überfordert. In täglich dreißig Minuten erlernt man eine neue Lesetechnik, die bereits nach wenigen Tagen erste Resultate zeigt. Mit etwas Disziplin gelingt es jedem, der sich an Otts Ratschläge hält, seine Lesegeschwindigkeit zu verdoppeln oder gar zu verdreifachen. Konzentrationsschwächen werden abgebaut, Aufnahmefähigkeit und Behalten bessern sich, und das Lesevergnügen verstärkt sich beträchtlich.

Prof. Dr. Ernst Ott wurde 1926 geboren. 1946 machte er sein Dolmetscherexamen. Seine Hauptarbeitsgebiete waren die Methodik der geistigen Arbeit, Führungsverhalten, Anti-Stress-Training und Lernpsychologie. Als rororo-Taschenbücher erschienen von Ernst Ott außerdem «Optimales Denken» (rororo sachbuch 16836) und «Das Konzentrationsprogramm» (rororo sachbuch 17099). Ernst Ott starb 1990.

Ernst Ott

Optimales Lesen

Schneller lesen - mehr behalten
Ein 25-Tage-Programm

Rowohlt Taschenbuch Verlag

Umschlaggestaltung Susanne Heeder
(Foto: Hans Neleman / The Image Bank)

32. Auflage Juli 2007

Veröffentlicht im Rowohlt Taschenbuch Verlag,
Reinbek bei Hamburg, September 1972
Copyright © 1970 by Ernst Ott
Gesamtherstellung Clausen & Bosse, Leck
Printed in Germany
ISBN 978 3 499 16783 6

Optimales Lesen

Sie wollen lernen, wie man optimal liest!
Sie sind also ein Mensch, dem es nicht genügt,
stehenzubleiben, der mehr möchte, mehr Wissen,
mehr Informationen, mehr Zeit – mehr Zeit
für viele wichtige Dinge.
Wer im heutigen Berufsleben bestehen und
vorankommen möchte, muß sich den rasch
ändernden Gegebenheiten anpassen können,
muß also ständig lernen, ständig dazu lernen.
Lernen bedeutet lesen und lesen bedeutet
lernen.
William D. Baker schreibt in seinem Buch
Reading Skills, daß der größte Teil allen
Wissens, nämlich 85 % über das Lesen aufgenommen wird. Lesen ist also die Haupt-
tätigkeit des lernenden Menschen.
Verbesserung der Lesetechnik bedeutet demnach
Verbesserung der Lerntechnik!

Dieses Buch soll Ihnen helfen, Ihre Lesetechnik
zu verbessern, ohne daß es zu viel von Ihrer
Zeit in Anspruch nimmt.
Sie nehmen ein praktisches Lehr- und Trainings-
buch zur Hand, das kurz und zweckbezogen
geschrieben ist. Auf die theoretischen Grund-
lagen wurde nur eingegangen, soweit es für das
Verständnis notwendig ist.
Selbstverständliches wurde weggelassen.
Der Stoff wird in kurzen, leichtverdaulichen
Tagesrationen dargeboten. Kontrollfragen
sollen Ihnen zeigen, ob Sie auf dem laufenden
sind. Nehmen Sie diese Fragen ernst. Wenn
Sie meinen, die richtige Antwort nicht gefunden
zu haben, dann lesen Sie den betreffenden
Abschnitt bitte noch einmal.
Nun ein dringender Rat!
Aktivieren Sie Ihren Willen zu konsequentem

Arbeiten. So werden Sie in kurzer Zeit erfolgreich sein!
Lassen Sie sich durch eventuelle Anfangs-
schwierigkeiten nicht entmutigen. Es geht ja
gerade anfangs darum, alte, fest verwachsene
Lesegewohnheiten, die in Jahren aufgebaut
wurden, wieder abzubauen. Das ist nicht immer
leicht. Wir müssen sie durch gute Lesegewohnheiten ersetzen, die erst wachsen und wider-
standsfähig werden müssen.
Wenn das geschehen ist, empfinden Sie die
neue Technik als etwas völlig Normales. Es
ist eine Lesetechnik, die Ihrer geistigen Kapazität
entspricht. Nicht mehr und nicht weniger!
Das erfordert Zeit und Ausdauer!
Denken Sie daran!
Sie gehen einem schönen Ziel entgegen:
mindestens zwei- bis dreimal so schnell zu
lesen wie bisher, genußvoller zu lesen und, was
besonders wichtig ist, das Gelesene besser zu
behalten. Gehen Sie jeden Tag die vorgegebene
Strecke. So erreichen Sie Ihr Ziel bald. Zu
Ihrem Nutzen.

Das Lesen gehört in unserem Kulturkreis zu den selbstverständlichen Techniken. Es ist wohl die wichtigste Kulturtechnik. Ohne sie wäre ein Leben, wie wir es zu leben gewohnt sind, nicht möglich. Fortschritte auf allen Gebieten hängen ab vom raschen und zuverlässigen Informationsaustausch. Neue Erkenntnisse müssen auf schnellstem Wege weitergegeben werden, damit sie verwirklicht werden oder als Basismaterial für weiteres Forschen verwendet werden können.

Das Angebot an Informationsmaterial und an Wissensstoff steigt ständig. Schon jetzt rollt eine Lawine auf uns zu. Unsere Lesetechnik reicht längst nicht mehr aus, das aufzunehmen, was wünschenswert oder gar notwendig ist. Manche kapitulieren. Das hat jedoch für die Betreffenden böse Folgen. Es bedeutet ein Abtreiben, es bedeutet den Anschluß verlieren, ein Nicht-mehr-mitreden-Können, eine gesellschaftliche und berufliche Selbstaufgabe. Andere verzichten auf einen ständig wachsenden Teil von Informations- und Wissenszugang oder belasten ihre Freizeit immer stärker mit Lesen. Beides ist weder wünschenswert noch auf die Dauer eine Lösung.

Eine Lösung liegt allein in einer Verbesserung der Lesetechnik! In den Vereinigten Staaten hat man schon vor vielen Jahren erkannt, wie notwendig es ist, die Lesetechnik zu verbessern. Speed-reading gehört für viele amerikanische Universitätsstudenten zu den Selbstverständlichkeiten. Zahlreiche amerikanische Universitäten haben ein eigenes READING IMPROVEMENT PROGRAM entwickelt, z. B. Harvard, Yale, Princeton, MIT, New York University, Fordham, Stanford usw. Aber auch in High Schools und privaten Schulen, in der Armee, in Luftwaffe und Marine, in Ministerien und vor allem in vielen Industrieunternehmungen werden laufend Schnelllesekurse veranstaltet. Von den Teilnehmern dieser Kurse wird mindestens eine Verdoppelung bis Verdreifachung ihrer Leseleistung erwartet. Immer wieder wird Präsident John F. Kennedy genannt, der es auf eine Minutenleistung von 1200 Wörtern brachte.

Wie ist die gegenwärtige Situation in Deutschland? Vergleichsweise schlecht. Wir stehen hier noch am Anfang der Entwicklung. Als Vorkämpfer verdient besonders Wolfgang Zielke hervorgehoben zu werden, der zwei grundlegende Bücher schrieb und sich als Autor von Fachartikeln sowie als Lehrer für die Verbreitung des schnelleren Lesens einsetzt. Zur Zeit erleben wir ferner Gründungen von Filialen des amerikanischen Evelyn Wood Institutes für Reading Dynamics hier in Deutschland. Evelyn Wood gründete das erste ihrer jetzt bereits 61 Institute im Jahre 1959. Inzwischen sind mehr als 300 000 Amerikaner durch diese Kurse gegangen.

Auch bei uns in Deutschland ist das Interesse groß – wie ich bei Vorträgen in Schulen, Elternversammlungen, Industriebetrieben und Gewerkschaftseinrichtungen feststellen konnte – die Aktivitäten sind aber noch zu gering.

Für 25 Tage ist Ihnen ein bestimmtes Pensum vorgegeben. Dieser Aufbau wurde in der Praxis erfolgreich erprobt. Erledigen Sie Ihr tägliches Pensum gründlich, vollständig und mit Freude. Das ist für den Lernerfolg wichtig!
In der ersten Überschriftenzeile wird der Inhalt der betreffenden Seite kurz angegeben, z. B. „Schlechte Lesegewohnheit", „Normalisierung der Blickspanne" oder „Konzentrationstraining". Auf der zweiten Überschriftenzeile finden Sie gelegentlich Hinweise (Siehe Seite . . .) oder Arbeitsanweisungen (Zeitnahme).
Neben dem vorgeschriebenen Tagespensum sollten Sie noch täglich 30 bis 45 Minuten bewußt das Lesen trainieren und dabei das Gelernte jeweils anwenden. Verwenden Sie dabei Ihre tägliche Lektüre: Ihre Geschäftspost, Berichte, die Sie zu lesen haben, Artikel aus Fachzeitschriften, die Tageszeitung oder ein Buch, das Sie besonders interessiert.
Dabei ist es wichtig, daß Sie nach sinnvollen Abschnitten (z. B. Kapitel eines Buches) Ihren Leseerfolg kontrollieren. Nur so können Sie feststellen, ob das Verstehen der erhöhten Lesegeschwindigkeit folgt.
Zur Kontrolle des Leseerfolges eignen sich besonders folgende Auswertungsfragen:

Was ist das Kernproblem dieser Abhandlung?
Welche Stellung bezieht der Autor?
Wie begründet er seine Stellungnahme?
Mit welchen Punkten seiner Begründung bin ich einverstanden?
Welchen Punkten seiner Begründung widerspreche ich?

Aus welchen Gründen widerspreche ich?
Welche Nebenprobleme spricht der Autor an?
Wie ist seine Stellungnahme dazu?
Wie stehe ich dazu?

Sie zwingen sich zum aufmerksamen Lesen,
wenn Sie sich fest vornehmen, diese Fragen
gründlich zu beantworten.

Schreiben Sie auch gelegentlich eine kurze
Zusammenfassung des Gelesenen. Überlesen
Sie dann den Text noch einmal und stellen
Sie so fest, ob Sie tatsächlich das Wesentliche
behalten haben. Auf diese Weise üben Sie auch
das Überlesen eines Textes, das bei Kontrollen
und Wiederholungen wichtig ist.

Eine Hilfe wird Ihnen die beigeheftete Karte mit
den Auswertungsfragen sein.

Bitten Sie manchmal auch jemanden, der den eben
von Ihnen gelesenen Text bereits kennt, Ihnen
Fragen über den Inhalt zu stellen. Dies ist eine
weitere gute Möglichkeit zur Behaltenskontrolle.
Lesen Sie immer kritisch. Denken Sie mit!
Beziehen Sie Stellung! Stellen Sie Analogien
her und suchen Sie eigene Beispiele! Lesen Sie
also engagiert!

Besonders wichtig erscheint es mir, daß Sie in
Ihrem Leseprogramm keine Pausen von mehr
als einem Tag in der Woche entstehen lassen.
Längere Pausen stehen der Ausbildung neuer
Gewohnheiten im Wege. Längere Pausen werfen
Sie weit zurück. Sie gefährden letztlich das
ganze Programm.

Wenn Sie dagegen intensiv bei der Sache bleiben,
dann haben Sie in 30 Tagen Ihr Ziel erreicht,
nämlich Ihre Lesegeschwindigkeit mindestens zu
verdoppeln, wesentlich mehr zu behalten und

das Lesen noch mehr zu genießen. Außerdem
haben Sie die Grundlagen für noch bessere
Leseleistungen gelegt.

Bitte füllen Sie täglich den auf Seite 241—243
abgedruckten Vordruck zur Programmkontrolle
aus. Fußnoten weisen auf die Literatur hin
(siehe Seite 240), die Ihnen als Beleg, zur
Verstärkung und Vertiefung und zur Erweiterung
dienen möge.

Manche Menschen, bei denen das Lesen nicht zu den täglichen Notwendigkeiten gehört, lesen auch noch als Erwachsene so, wie sie es in der Volksschule ursprünglich lernten, sie buchstabieren.

Zwar nicht mehr so mühselig wie als Schulanfänger, aber doch im Prinzip genauso. Sie nehmen mit den Augen gewissenhaft das Bild eines jeden Buchstaben auf und formen umständlich Wort für Wort.

Diese Methode ist äußerst zeitraubend. Außerdem versteht der Leser meist zunächst nicht, was er liest. Er muß noch einmal zurückfassen, das Wort in seiner Gesamtheit sehen, um es zu begreifen.

Wer so liest, der vergißt, daß meist nur einige Buchstaben notwendig sind, um das ganze Wort zu erkennen.

So erkennt z. B. jeder A.t.b.hn als Autobahn oder B.chh.lt.. als Buchhalter.

Aus Details kann man meist sofort das Ganze erkennen! Oder: Ein Karikaturist zeichnet mit einem Strich eine bestimmte Nase, und jeder weiß sofort: Er meint de Gaulle. Jeder? Nein, nur derjenige, der weiß, wie de Gaulle aussieht, der sein „Bild" kennt.

So ist es auch mit den Wörtern. Nur wer das betreffende Wort schon kennt, wer sich das Wortbild eingeprägt hat, kann es aus wenigen Buchstaben wiedererkennen.

Ja, so ist es beim Wiedererkennen! Ein Teil vom Ganzen genügt, und das Bild, die Bedeutung, die Aussage, das Ereignis, das Erlebnis taucht wieder vor unserem geistigen Auge auf.

Fassen wir zusammen:

1) Von welcher schlechten Lesegewohnheit war
hier die Rede:

   dem Buchstabieren

2) Welche Nachteile bringt diese Art zu lesen
mit sich:

   a) *sie ist langsam*

   b) *der Leser muss nachlesen*

3) Um ein Ganzes wiederzuerkennen, genügt
es dem Geübten oder Kenner meist, ein

   teil

davon wahrzunehmen.

Lösung: 1) Vom Buchstabieren, 2 a) Diese Art zu lesen ist zeitraubend, £ b) Der Leser versteht das erste Mal meist nicht, was er
gelesen hat, 3) Teil.

Auch bei diesem Lesefehler reichen die Wurzeln zurück in die Zeit der Grundschule.

Wir sprechen vom Vokalisieren mit und ohne Lippenbewegung. Der Text wird hierbei mehr oder weniger deutlich mit den Sprechwerkzeugen (Lippen, Zunge, Stimmbänder) mitgelesen. Die Lesegeschwindigkeit wird dadurch ungemein gebremst; denn Auge und Geist lesen unvergleichlich schneller, als die Sprechwerkzeuge mitsprechen können.

Vergegenwärtigen wir uns doch folgendes: Wenn das Auge z. B. über ein Gemälde gleitet, dann hat es in Sekundenschnelle alle Details (Motiv, Stimmung, Farbe, Technik usw.) dem Gehirn mitgeteilt und dieses hat alle Wahrnehmungen gespeichert. Eine Schilderung dieser Eindrücke in Worten würde ein Vielfaches an Zeit beanspruchen.

Beim kurzen Aufblenden der Augen (ganz kurz auf und zu), welches ungefähr 1/6 bis 1/3 Sekunde dauert, werden 6 bis 8 Eindrücke aufgenommen und gespeichert.

Machen Sie folgende Übung:
Schließen Sie z. B. bei einem Spaziergang die Augen, drehen Sie sich dann in eine bestimmte Richtung, blenden Sie ganz kurz mit den Augen auf und schildern Sie dann, welche Eindrücke Sie durch diesen „Augenblick" aufgenommen haben. Sie werden Gegenstände, Bewegungen, Formen, Farben und Stimmungen aufgenommen haben. Ein vielgestaltiges, buntes Bild! Aufgenommen in einem Sekundenbruchteil; gesehen, verstanden, gespeichert. All das Gesehene war Ihnen nicht neu. Es war Bekanntes. Daher ging das Erkennen so schnell. Wenn Sie nun die

* 1, 3, 5, 8

wahrgenommenen Eindrücke, das geschaute
Bild, in Worten schildern wollen, so brauchen
Sie dazu ein Vielfaches an Zeit.
Genauso ist es beim Lesen. In einem Sekundenbruchteil (also beim kurzen Aufblenden der
Augen) können Sie mehrere bekannte Wortbilder
erkennen und ihre Bedeutung erfassen. Das
Vokalisieren dieser Wörter würde ein Vielfaches
an Zeit beanspruchen.
Das Vokalisieren läßt sich relativ leicht vermeiden. Nehmen Sie einfach ein Stückchen Papier
zwischen die Lippen. Amerikanische Lehrer
empfehlen ihren Schülern, Kaugummi zu kauen.

Ein dringender Rat:
Machen Sie öfter die geschilderten *Aufblend-
übungen;* versuchen Sie dabei ein möglichst
vielgestaltiges Bild aufzunehmen. Sie trainieren

dadurch Auge und Geist im Schnellwahrnehmen,
das für das Schnell-Lesen unumgänglich ist.
Fassen wir zusammen:
1) Das Lesen mit Hilfe der Sprechwerkzeuge

nennen wir ___Vokalisieren___

2) Diese Art zu lesen hemmt unsere Lesegeschwin-

digkeit, weil ___es zu lange dauert___

3) Welche Hilfsmittel werden empfohlen, um
diesen Lesefehler zu vermeiden?

___Blatt Papier o. Kaugummi___

4) Welche Übungen sollten in diesem Zusammenhang öfter gemacht werden?

___Schnellwahrnehmübungen___

Lösungen: 1) Vokalisieren, 2) Auge und Geist schneller lesen als
die Sprechwerkzeuge, 3) Stückchen Papier zwischen die Lippen
nehmen, Kaugummi kauen, 4) Aufblendübungen.

Von nun an brauchen Sie eine Uhr mit einem Sekundenzeiger oder besser eine Stoppuhr. Sie sollen nämlich immer wieder Ihre Lesegeschwindigkeit messen. Hier in diesem Buch wird die Zeitnahme in der Überschriftenzeile angekündigt. Die Wortzahl ist jeweils bei den Lesetests dieses Buches angegeben. Bei Ihren „privaten" Tests müssen Sie die Wortzahl erst ermitteln. Das ist nicht schwierig. Zählen Sie die Wörter der ersten 10 Zeilen. Zählen Sie dann sämtliche Zeilen des ausgewählten Testabschnittes und schließen Sie nun auf die ungefähre Wortzahl.

* Viele Lesetests finden Sie auch in 8, 9; englischsprachig in 1, 3, 5, 7

Achtung: Zeitnahme

Herrenalb (R). Unter den Tälern des nördlichen Schwarzwaldes, die sich zur Rheinebene hinunterziehen, fehlt dem Albtal in seinem unteren Teil der tiefe, öfter schluchtartige Einschnitt anderer Schwarzwaldtäler. Dafür ist es aber mit seinen lachenden Wiesen und den Laubwäldern an beiden Seiten wohl das lieblichste unter ihnen.

Wir fahren, von Karlsruhe kommend, durch das an der Talmündung liegende Städtchen Ettlingen. Dort sollte man nicht versäumen, wieder einmal einen Blick auf den vor dem alten Schloß stehenden Narrenbrunnen aus dem Jahre 1549 mit Narrenfigur, auf das Wappen und

den Asamsaal, den Festsaal der Schloßkonzerte,
zu werfen.
Auf eine längere Strecke bleibt das Tal, in dem
eine vorzügliche Straße neben dem abgesonderten
Gleiskörper der hier schon seit Großvaters
Zeiten fahrenden, aber zeitgemäß modernisierten
Albtalbahn entlangführt, weit geöffnet. Es bietet
mit seinen grünen Wiesenflächen, seinen
Seitentälern und zahlreichen leichten
Krümmungen ein ständig wechselndes Panorama.
Busenbach, Reichenbach und Langensteinbach
werden so durchfahren, deren äußeres Bild
schon eine Gastlichkeit verrät, die zur Einkehr
lockt. Seitentälchen laden zu reizvollen Wander-
ungen ein, führen in kleine, aber idyllisch
gelegene Sommerfrischen zwischen den Bergen.
Allmählich wird das Tal enger, die seitlichen
Berge werden höher, und in die Laubwälder

mischen sich immer mehr Nadelwaldstücke, bis
schließlich die prächtige Schwarzwaldtanne, die
Edeltanne, im Vordergrund steht und das Albtal
deutlicher Schwarzwaldcharakter bekommt.
Plötzlich stehen über einer Häusergruppe zur
Rechten charakteristische Türme einer alten
Klosterruine und locken zum Aussteigen und
Besichtigen: Es ist Frauenalb mit den zum Teil
noch sehenswerten Resten eines schon 1185 hier
errichteten Klosters der Cistercienserinnen, in
dem aber nach der Aufhebung im vergangenen
Jahrhundert mancherlei Industrie untergebracht
war, die jedesmal Brand entfachte und auf
diese Weise schließlich die heutigen Ruinen schuf.
Aber die durch die letzten Aebtissinnen ge-
schaffenen Zubehörbauten stehen noch, zeigen
Wappen mit Krummstab und lassen in einem
alten Garten und dazugehörigen barocken Som-

merhaus einiges Klösterliche erkennen.
An auffallenden Felspartien vorbei, führt uns
der Weg dann schnell in den inmitten eindrucks-
voller Berg- und Waldumrahmung ruhenden
Kurort Herrenalb. Als Erinnerung an die lange
zurückliegende Zeit der Gründung des Ortes
stehen auch hier Reste eines Cistercienserklosters.
Aus dem Langhaus entstand in späteren Jahr-
hunderten eine neue Kirche.
Nach allen Seiten schließen sich hier unendlich
schöne Wälder, Berge und Täler an, durchzogen
von Straßen und Wanderwegen, die ein präch-
tiges, nahe an die Tausendmetergrenze heran-
reichendes Höhengebiet echter Schwarzwald-
prägung dem Fremdenverkehr öffnen. Der Dobel
lockt zu jeder Jahreszeit, da er auch als Wintersportplatz besucht wird, und rings um sein
Höhengebiet rauschen in tiefen Tälern klare
Bäche, in denen als dunkle Schatten flinke
Forellen dahinschießen.

Ende: Zeitnahme!

Sie haben den Text gelesen. Bitte schreiben Sie hier Ihre Lesezeit in Sekunden nieder:

 ___186___ Sekunden.

Der Text umfaßt 430 Wörter. Wir wollen nun feststellen, wie groß Ihre *Lesegeschwindigkeit* war. Diese wollen wir in WPM (Wörter pro Minute) ausdrücken.

Angenommen, Sie hätten diesen Text in 120 Sekunden gelesen. Welche Lesegeschwindigkeit in WPM ergäbe sich daraus? Wir rechnen wie folgt:

In 120 Sekunden lasen Sie 430 Wörter.

In 1 Sekunde lasen Sie $\frac{430}{120}$, also rund 3,5 Wörter.

In 60 Sekunden lasen Sie 3,5 mal 60 Wörter = 210 Wörter.

Eine Lesezeit von 120 Sekunden für 430 Wörter entspräche also einer *Lesegeschwindigkeit* von 210 WPM.

Wenn Sie tatsächlich um die 200 WPM erreicht haben, sind Sie ein geübter Leser ohne besondere Leseschulung mit einer für diese Verhältnisse durchschnittlichen Lesegeschwindigkeit. Nun sollen Sie feststellen, was Sie behalten haben. Beantworten Sie zu diesem Zweck die Fragen auf den nächsten Seiten.

1) Welche Überschrift entspräche diesem Artikel
   am besten:
   a) Herrenalb, beliebt wie eh und je
   b) Klöster im Nordschwarzwald
   c) Fahrt durchs Albtal
2) Das in diesem Artikel beschriebene Albtal
   ist das
   a) lieblichste, b) romantischste,
   c) meistbesuchte
3) Tal des
   a) nördlichen, b) mittleren, c) südlichen
   Schwarzwaldes
4) Wo beginnt unsere Reise:
   a) in Stuttgart, b) in Herrenalb,
   c) in Karlsruhe

5) Was wird von Ettlingen besonders hervorgehoben:
   (Bitte gegebenenfalls mehrere ankreuzen)
   a) der Narrenbrunnen
   b) die Uhrenindustrie
   c) die Gastlichkeit
   d) das Schloß mit dem Asamsaal
6) Von welcher Bahn ist die Rede:
   a) Albtalbahn
   b) Schwarzwaldhochbahn
   c) Schauinslandbahn
7) Welcher Klosterruine begegnen wir in
   Frauenalb:
   a) Der Ruine des Cistercienserinnenklosters.
   b) Der Ruine des Augustinerinnenklosters.
   c) Der Ruine des Franziskanerinnenklosters.

8) *Der Kurort Herrenalb ist umrahmt von:*
   a) Wäldern
   b) Wäldern und Bergen
   c) Feldern und lieblichen Wiesen
9) *Von welchem Wintersportplatz ist die Rede:*
   a) Freudenstadt
   b) Freiburg
   c) Dobel
10) *Der Verfasser schildert:*
   a) nüchtern, bringt nur Fakten
   b) romantisch, liebevoll

Hier die Lösung:
1) c, 2) a, 3) a, 4) c, 5) a, d, 6) a, 7) a,
8) b, 9) c, 10) b

Und nun die Bewertung:
Bitte geben Sie für jede richtige Antwort
10 Punkte. Bei der Frage 5 geben Sie für a
und d je 5 Punkte.
Sie können dann maximal 100 Punkte erreichen.
100 – 90 Punkte: sehr gut
 85 – 70 Punkte: gut
 65 – 50 Punkte: befriedigend

Sie stehen erst am Anfang!
Sie werden im Laufe dieses Programms
Ihre Lesegeschwindigkeit
und Ihre Behaltensfähigkeit verbessern.

Sie kennen das doch vom Autofahren her. Wer langsam fährt, fährt meist unkonzentriert.
Er achtet auf alles mögliche, auf die Landschaft, auf die Menschen; nur nicht sorgfältig genug auf die Straße.
So ist es auch beim Lesen! Wer langsam liest, liest meist unkonzentriert. Er achtet nicht ausschließlich auf den Text, auf den es ja ankommt. Seine Gedanken schweifen ab, sie vagabundieren, springen von Thema zu Thema. Der Text wird zwar mit den Augen abgetastet, aber er wird nicht aufgenommen, nicht erfaßt.
Der Zweck des Lesens ist verfehlt!
Wie ist also das Konzentrationsvermögen und die Auffassungsgabe bei Langsamlesern:

1) _____

Schnelleres Lesen bedeutet also meist konzentrierteres Lesen. Und konzentrierteres Lesen bedeutet erhöhte Aufnahme.
Wer schneller liest, liest also 2) _konzentrierter_

und _nimmt mehr auf_

Und das Rezept, um diesen Lesefehler zu vermeiden? Das ist rasch gegeben! Zuerst einmal: Geben Sie sich, bevor Sie mit dem Lesen beginnen, den Befehl: TEMPO, TEMPO, TEMPO. Geben Sie sich auch den Befehl, wenn Sie während des Lesens langsamer werden. Sie lesen dann automatisch konzentrierter und nehmen mehr auf. Ihr Gehirn hat keine Zeit, sich um „Nebenprogramme" zu kümmern. Aber auch das Konzentrieren selbst sollte man üben!

Lösungen: 1) Bei Langsamlesern sind Konzentrationsvermögen ur Auffassungsvermögen gering, 2) konzentrierter und nimmt m auf.

Was heißt konzentrieren eigentlich? Ganz einfach vielleicht so: Bei der Sache bleiben, nicht abschweifen, keine Gedankenvagabundiererei. Zunächst zwei Vorübungen. Bitte machen Sie solche Übungen oft!

1. Vorübung
Schließen Sie bitte die Augen. Stellen Sie sich nun eine große graue Fläche vor. Nichts darf auf dieser Fläche erscheinen. Vertreiben Sie sofort alle Bilder, die auf dieser Fläche erscheinen möchten. Halten Sie das einige Minuten durch! Schließen Sie wieder die Augen. Stellen Sie sich eine Rose vor. Denken Sie eine Minute ausschließlich an diese Rose. Wählen Sie weitere Bilder und steigern Sie die Konzentrationsdauer auf mehrere Minuten.

Eine Frage zwischendurch:
Was heißt sich konzentrieren? (auf einen einfachen Nenner gebracht) 1) _Bei der Sache bleiben_

Nun zum Konzentrieren beim Lesen.
Auch hier wieder: Bei der Sache bleiben! Versuchen Sie, die Gedanken des Autors bildlich nachzuempfinden. Versuchen Sie, das Bild, den Vorgang, den er beschreibt, plastisch zu übernehmen. Seien Sie interessiert an seinen Darlegungen, dann werden Ihre Gedanken auch bei der Sache bleiben. Sie vagabundieren nur, wenn Sie ihnen dazu Zeit lassen und wenn Sie uninteressiert sind.
Interesse 2) _steigert_ also die Konzentration. Dieses Sich-Interessieren sollte

---

Lösungen: 1) Bei der Sache bleiben, 2) fördert.

aber schon vor dem eigentlichen Lesen beginnen.
Wenn Sie einen Text vornehmen, dann machen
Sie sich bitte Gedanken darüber, was Sie zu
diesem Thema sagen würden – aber nicht
gleich kapitulieren, Sie werden sehen, Sie wissen
über jedes Thema mehr, als Sie zunächst glaubten
– und Sie werden jetzt darauf gespannt sein,
was der Autor sagt.
Interesse steigert die *Konzentration* und die
Behaltensfähigkeit.
Warum sollen Sie sich vor dem Lesen bereits
Gedanken darüber machen, was *Sie* zu diesem

Thema sagen würden? 1) ~~Das~~ Interesse

steigern

Das ist wichtig, denn das 2) _____

steigert die 3) Konzentration fordert

Und wer 4) interessiert liest, behält mehr.
→ konzentriert

Lösungen: 1) Weil ich dann daran interessiert bin, was der Autor
zu diesem Thema sagt, 2) Interesse, 3) Konzentration, 4) konzentriert.

Konzentrationstraining
Bitte die geraden Zahlen unterstreichen

456	567	223	667	988	664	776	912
445	223	775	882	246	765	987	324
257	379	135	826	975	642	765	246
975	146	864	975	368	257	975	365
135	366	664	228	926	165	726	389
975	256	378	475	264	963	826	175
257	386	486	264	975	164	274	286
862	926	385	444	275	285	936	286
156	872	936	478	264	387	456	448
667	335	667	387	265	467	334	123
997	653	725	624	635	884	876	245
975	145	666	276	986	367	375	267

1. Lassen Sie Ihre Augen von einem Augenarzt kontrollieren.

2. Achten Sie beim Lesen auf richtige Beleuchtung. Sie muß den Text gut ausleuchten, darf aber nicht so hell sein, daß Sie geblendet werden.

3. Die Lichtquelle muß so stehen, daß Sie von ihr nicht geblendet werden.

4. Der Abstand zwischen dem Text und Ihren Augen sollte zwischen 25 und 35 cm betragen.

5. Setzen Sie sich beim Lesen aufrecht und halten Sie den Text so, daß Ihre Augen senkrecht darauf blicken.

6. Der Text sollte nie flach auf einem Tisch liegen. Sie müssen sonst mit gebeugtem Rücken sitzen, um zu lesen. Das strengt zu sehr an.

7. Lesen Sie möglichst nicht während des Liegens. Diese Haltung ist für das Lesen zu unbequem. Sie ermüden rasch. Die Konzentration läßt nach. Sie schlafen bald ein. Der Leseeffekt ist zu gering. Lesen ist kein Schlafmittel!

8. Machen Sie öfter Pausen für Augengymnastik (vgl. Seite 36 ff).

9. Blinzeln Sie öfter einmal.

Für diesen Lesefehler hat sich der Fachausdruck
Regression eingebürgert.
Regressionen hängen eng mit der in der vorher-
gehenden Lehreinheit geschilderten schlechten
Lesegewohnheit zusammen, nämlich mit

1) _Vokalisieren Vokalisieren_

Wer unkonzentriert liest, merkt oft plötzlich,
daß er zwar den Text mit den Augen abgetastet,
ihn aber nicht aufgenommen hat. Er greift mit
den Augen bis zu der Stelle zurück, bis zu der
er konzentriert gelesen hat, und liest dann
weiter. Der Leser liest also nach der Methode,
3 Schritte vorwärts, 2 Schritte zurück.
Dieses Zurückgehen der Augen auf eine vorhergehende Textstelle nennt man Regression.
Was verstehen Sie also unter einer Regression?

2) _Zurückgehen im Text_

Was ist die Ursache für Regressionen?

3) _unkonzentriertheit_

Durch diese Art zu lesen geht sehr viel Zeit
verloren.
Was bringt Abhilfe? Schnelleres Lesen!
Geben Sie sich, wenn immer die alte Gewohnheit
zum langsamen Lesen die Oberhand gewinnt,
den Befehl: Schneller, schneller, schneller!
Auch dann — wenn anfänglich während dieses
Programms — das Verstehen mit der schnelleren
Lesegeschwindigkeit nicht Schritt halten kann.

Lösungen: 1) Zu langsamen und daher unkonzentriertem Lesen,
2) Unter Regression verstehen wir das Zurückgehen der Augen
auf eine vorhergehende Textstelle, 3) Unkonzentriertes Lesen.

Was hat zu Beginn dieses Programms den
Vorrang: Die Lesegeschwindigkeit oder das
Verstehen?

1) *Lesegeschwindigkeit*

Wie lassen sich also Regressionen vermeiden?

2) *schnelles Lesen*

Die folgenden Übungen sollen Ihnen helfen,
Regressionen zu vermeiden.

Wie Sie vorgehen sollen:

Bitte lesen Sie besonders konzentriert und schnell
je eine Zeile. Jede Zeile enthält eine Aussage
und zwei mit (1) und (2) numerierte Begriffe.
Schreiben Sie nach dem schnellen Durchlesen

auf einen Zettel, welcher Begriff – nur Nummer
angeben – zu der betreffenden Aussage paßt.
Hier ein Beispiel:
Er hat Angst   Zahnarzt (1)   Urlaubsreise (2)
Zu der Aussage: *Er hat Angst*
paßt doch nur der Begriff: *Zahnarzt*
Also steht auf unserem Zettel: *(1)*

Lösungen: 1) Die Lesegeschwindigkeit, 2) Regressionen lassen sich
durch schnelleres und daher konzentrierteres Lesen vermeiden.

Die Reihenfolge zwischen Aussage und Begriffen
wird in diesen Übungen häufig umgestellt. Das
erfordert eine erhöhte Konzentration.

Wichtig ist dabei:

Keine Regressionen! Sie müssen also alles beim
ersten Durchlesen aufnehmen! Zurückblicken
ist verboten.

Wenn Sie eine Zeile nicht schaffen, machen Sie
statt einer Zahl einen Strich auf Ihren Zettel.
Wiederholen Sie diese Übung dann später.

Noch eins:

Bitte decken Sie die jeweils darunter liegende
Zeile mit einem Stück Papier ab. Sie wissen
schon warum!

Auf der nächsten Seite beginnen wir mit
Übungen, die Regressionen entgegenwirken
sollen. Wir überschreiben die jeweiligen Seiten
mit: Antiregressionstraining.

gut (1)	besser (2)	**Sieger**
grün (1)	blau (2)	**Gras**
welt	fern (1)	nah (2)
Bungalow	modern (1)	Burg (2)
Lärm (1)	**Entspannung**	Ruhe (2)
Rundfunk (1)	**lesen**	Zeitung (2)
stark (1)	schwach (2)	**Mann**
Sense	Holz (1)	Gras (2)
Held	mutig (1)	ängstlich (2)
Stuhl (1)	**legen**	Bett (2)
Oper (1)	schwimmen (2)	**Sport**
trocken (1)	Regen (2)	**Sommer**

Lösung: 2 — 1 — 1 — 1 — 2 — 2 — 1 — 2 — 1 — 2 — 2 — 1

Man muß immer fest überzeugt sein,
man werde sein Ziel erreichen,
dann erreicht man es auch.

(Coué)

Verwenden Sie Hilfsmittel beim Lesen? Zeigen
Sie z. B. mit dem Finger oder mit dem Bleistift
auf das Wort, das Sie gerade lesen, oder legen
Sie ein Lineal unter die betreffende Zeile?
Wenn Sie so lesen, dann lesen Sie mit Hilfs-
mitteln.
Diese Gewohnheit – für manche ein eisernes
Hemd aus der Grundschulzeit – bremst die
Lesegeschwindigkeit ganz ungemein.
Auge und Gehirn arbeiten nicht nur unvergleich-
lich schneller als die Sprechwerkzeuge, sondern
auch viel schneller als die Hand, die sich von
Wort zu Wort oder von Zeile zu Zeile bewegt.
Lassen Sie diese überflüssigen Hilfsmittel einfach
weg. Es geht besser ohne sie.
Das konzentrierte Auge bedarf dieser „Krücken"
nicht.

Wie heißt der Lesefehler, den wir hier behandelt
haben?

Lesen mit Hilfsmittel

* 2,5
Lösung: Das Verwenden von Lesekrücken.

Überanstrengen Sie nie Ihre Augen. Hören Sie zu lesen auf, wenn Sie müde werden. Lesen Sie nie mit Gewalt. Weiten Sie Ihre Blickspanne nur allmählich und nur innerhalb der natürlichen Grenzen. Kein Druck! Kein Befehl an die Augen, scharf zu erkennen. Die Augen tun es dann von selbst!

Blinzeln Sie öfter einmal! So halten Sie Ihre Augen feucht. Sie werden dadurch gereinigt und entspannt! Sie bleiben aufnahmebereit! Die regelmäßige Entspannung der Augen ist vor allem wesentlich für die *Erhaltung der Sehkraft.* Es empfiehlt sich daher dringend, regelmäßig eine leichte Augengymnastik zu betreiben. Vor allem aber dann, wenn Sie spüren, daß Ihre Augen müde werden.

Nein, das stellt keinen Zeitverlust dar. Mit entspannten Augen können Sie länger schneller lesen!

Nun zu den Übungen:

1. Übung:
Machen Sie flott – aber ohne jede Anstrengung – zehn Blickübungen vom linken Augenwinkel zum rechten und umgekehrt, ohne daß Sie dabei den Kopf bewegen.

2. Übung:
Zehn Augenübungen: (1) Linker Augenwinkel – (2) Richtung Stirn – (3) Rechter Augenwinkel – (4) Richtung Nasenspitze.

3. Übung:
Zehn Blickübungen: Bitte zeichnen Sie in raschen Bewegungen – aber ohne jede Anstrengung – die Form ihres Auges nach, a) im Uhrzeigersinne, b) im entgegengesetzten Uhrzeigersinne. Diese Übung ergibt ein ellipsenförmiges Augenrollen.

4. Übung:
Bilden Sie mit Ihren Händen je eine Schale
und bedecken Sie damit Ihre Augen. Schauen
Sie nun einige Minuten in den so entstandenen
dunklen Raum. Ganz entspannt sein, bitte!
Öffnen Sie nun die Schalen sehr langsam, damit
sich die Augen allmählich wieder an das Licht
gewöhnen.

5. Übung:
Kombinieren Sie die 3. und 4. Übung.

6. Übung:
Schauen Sie bitte so oft wie möglich ins Grüne.

Durch das Ziel (1)   zu früh aufgegeben (2)   Leistung erbracht

Gelegenheit verpaßt   früh erkannt (1)   Das ist zu spät (2)

Es bleibt dabei (1)   Meinung geändert (2)   So ging das nicht

Ohne jeden Tadel   noch ein Fehler (1)   nichts versäumt (2)

Nichts anhaben können (1)   große Widerstandskraft   stark beeinträchtigt (2)

Doch noch geschafft   problemlos (1)   Das war die Hauptschwierigkeit (2)

Bisher auf dem 2. Platz   alles entschieden (1)   nichts entschieden (2)

Mühelos geschafft (1)   kein Ergebnis (2)   alles gut vorbei

Licht an (1)   Der Tag ist vorbei   heller Sonnenschein (2)

Am seidenen Faden (1)   Nur keine Aufregung (2)   sicherer Vorsprung

Großes Angebot   viele Möglichkeiten (1)   Mangel verschärft (2)

Er ist Gewinner   vermindert (1)   vermehrt (2)

* nach Shefter
Lösung: 1 – 2 – 2 – 2 – 1 – 2 – 2 – 1 – 1 – 2 – 1 – 2

642	862	442	654	886	266	824	886	553	448
468	628	884	763	765	866	226	864	866	224
242	648	624	674	864	867	453	668	464	835
446	882	826	868	446	862	486	242	262	756
886	442	765	868	978	662	442	462	862	864
862	462	864	862	756	875	342	888	426	662
664	668	882	664	248	764	888	342	664	862
664	424	664	886	124	543	666	862	864	248
242	646	867	825	664	245	248	444	256	876

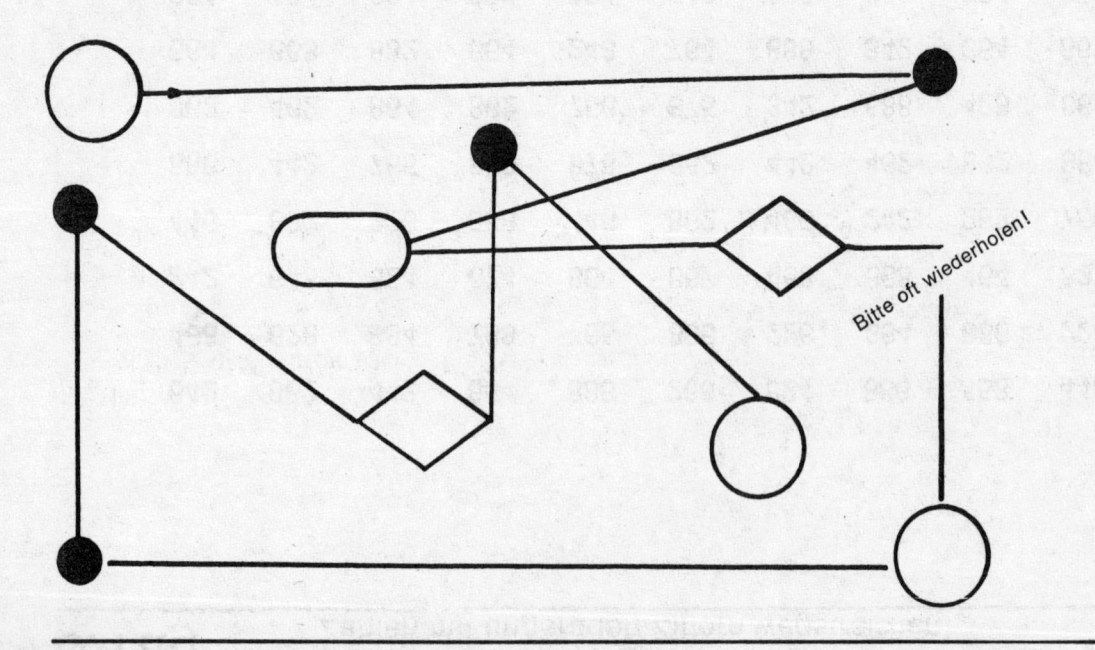

Bitte oft wiederholen!

* 1, 7, 8

Das Lesen mit Hilfsmitteln – vor allem mit den Hilfsmitteln Finger und Bleistift – führt zu einem sehr gefährlichen Lesefehler. Sie lesen dann nämlich nur das „angezeigte" Wort und nützen Ihre Blickspannbreite nicht aus, die es ja zu weiten gilt.

Wir neigen zwar dazu, unseren Blick auf einen Punkt zu konzentrieren. Auch wenn wir z. B. eine Landschaft betrachten, fassen wir meist einen Punkt besonders ins Auge, während die Umgebung mehr oder weniger verschwimmt. Wir können aber auch eine größere Fläche gleichsam *gleich scharf* sehen, wenn wir nur etwas üben. Es will uns am Anfang nicht gleich gelingen. Der Blick springt noch gerne von Punkt zu Punkt. Aber es gelingt dann doch.

Es kann z. B. ein Ausschnitt aus einer Landschaft sein, den Sie in der gewählten Blickspannbreite gleich deutlich sehen oder ein Teil einer Druckzeile, ein Drittel einer Buchzeile, vier, fünf oder sechs Wörter, also einen Kurzsatz oder eine sinnvolle Wortgruppe.

Bei der *Wort-für-Wort-Lesemethode* nützen wir also die Vorteile, die uns eine breite Blickspanne bietet, zum Nachteil unserer Lesegeschwindigkeit nicht aus.

Das *periphere Lesen* – d. h. das Lesen mit einer breiten Blickspanne – ist aber nicht nur wesentlich schneller, es führt auch zu einem besseren Verständnis des Gelesenen. Denn mit einer breiten Blickspanne lassen sich sinnvolle Wortgruppen zusammenfassen; das Gelesene wird leichter verstanden.

* 1, 2, 5, 8

Fassen wir zunächst wieder zusammen:

1) Den hier behandelten Lesefehler nennen wir:

auf einen Punkt konzentrieren

2) Welche Lesemethode behebt diesen Lesefehler?

peripherisches Lesen

3) Was verstehen Sie unter peripherischem Lesen?

Lesen mit breiter Blickspanne

4) Welche zwei wesentlichen Vorteile bringt das peripherische Lesen?

a) *schnelleres Lesen*

b) *besseres Verstehen*

5) Warum ist das peripherische Lesen dem Verständnis förderlich?

Wortgruppen sinnvoll zusammengefasst

Bleiben wir noch beim peripherischen Lesen. Der folgende Text ist in sinnvolle Wortgruppen unterteilt:

Nächstes Jahr / werden wir / unseren Urlaub / wieder an der / See verbringen, / denn es hat / uns dort / gut gefallen / und wir / haben uns / prächtig erholt.

---

1) Das Wort-für-Wort-Lesen
2) Das Lesen mit breiter Blickspanne
3) Das Lesen mit breiter Blickspanne
4a) Es ist schneller
4b) Das Gesehene wird leichter verstanden
5) Weil sinnvolle Wortgruppen gelesen werden

Es wurde oft unterteilt! Der geübte Leser kommt mit weniger Unterbrechungen aus, er bildet also größere Wortgruppen, z. B.:

Nächstes Jahr werden wir / unseren Jahresurlaub / wieder an der See verbringen, / denn es hat uns dort gut gefallen / und wir haben uns prächtig erholt.

Leser ohne besonderes Lesetraining werden Texte nach dem ersten Beispiel unterteilen. Wer aber ein intensives Training in der Weiterung seiner Blickspanne hinter sich hat, wird große sinnvolle Wortgruppen zusammenfassen und so seine Lesegeschwindigkeit und seine Aufnahmefähigkeit wesentlich erhöhen.

Ein trainierter Geist braucht, um eine Wortgruppe eines leicht verständlichen Textes zu lesen und zu erfassen, rund $1/5$ bis $1/3$ Sekunde, also die Dauer des kurzen Aufblendens der Augen.

Dabei spielt es für den geübten Leser keine Rolle, ob die Wortgruppe 10, 15, 20 oder gar 25 Buchstaben umfaßt.

Wie lange dauert das kurze Aufblenden der Augen?

1/5 bis 1/3 Sekunden

Stimmt es, daß ein geübter Leser für das Lesen einer Wortgruppe mit 10 Buchstaben halb so lang braucht wie zu einer solchen mit 20 Buchstaben?

nein

Lösungen: $1/5$ bis $1/3$ Sekunde; nein

Erhöhung der Lesegeschwindigkeit, das leuchtet ein. Warum soll jedoch beim Lesen mit einer breiten Blickspanne auch die Aufnahmefähigkeit erhöht werden? Im Kapitel über „Langsames und daher unkonzentriertes Lesen" wurde diese Frage eigentlich schon mitbeantwortet. Doch überlegen wir noch einmal. Ein Wort allein hat häufig nur wenig Informationsgehalt. Erst in einem bestimmten Zusammenhang mit anderen Wörtern trägt es in der Regel zu sinnvollen Aussagen bei. Beim Wort- für Wort-Leser dauert es daher verhältnismäßig lange, bis Sinn in das Gelesene kommt. Der Geist — sonst durch Filme, Fernsehen usw. an einen raschen Informationseingang gewöhnt — langweilt sich. Der interessanteste Film ermüdet, wird unverständlich und wirkungslos, wenn er mit Zeitlupengang dargeboten wird. Erst wenn dem regen Geist Informationen in einem

Maße angeboten werden, die ihn in seiner Aufnahmefähigkeit auslasten — nicht überlasten — wird er gefesselt, er bleibt bei der Sache und nimmt mehr auf.

Wieviele Informationen in einer bestimmten Zeit aufgenommen werden können, hängt natürlich davon ab, wie „schwierig" sie für den Empfänger sind.

Aufnahmefähigkeit und Aufnahmegeschwindigkeit des Gehirnes gilt es also auszulasten. Eine Unterbelastung führt zur Unkonzentriertheit mit allen bösen Folgen, eine Überbelastung verhindert das Verstehen. Aufnahmefähigkeit und Aufnahmegeschwindigkeit können innerhalb bestimmter Grenzen verbessert werden. Das Buch möchte dazu beitragen.

Unsere Augen sind in der Lage, in 30 bis 35 cm Abstand eine Kreisfläche von 10 cm Durchschnitt voll „auszuleuchten". Mit längerem Abstand wird dieses Blickfeld immer größer. Aber bleiben wir bei einem Abstand von rund 30 cm, in welchem wir gewöhnlich lesen. In diesem Abstand müssen wir also demnach eine Zeile von rund 10 cm Länge auf einmal erkennen können. Das entspricht unserer maximalen Blickspannbreite in einem Augenabstand von rund 30 cm. Ob wir tatsächlich den gedanklichen Inhalt dieser Zeilenbreite in einem Blick erfassen können, hängt von der Größe der Schrift, also von der Anzahl der Zeichen und vom Bekanntheitsgrad der Wörter ab.

Der untrainierte Leser hat diese Blickspannkapazität allerdings nicht, denn er liest doch nach seinem alten Leseprogramm aus der Grundschulzeit, d. h., die Sehachsen seiner Augen konzentrieren sich auf einen Punkt und lesen einen Buchstaben, eine Silbe oder ein kürzeres Wort. Bei dieser Stellung der Sehachse können die Augen natürlich keine längeren Wörter oder, was wir letztlich anstreben, gar ganze Wortgruppen erfassen. Ein Lesen mit punktgerichteten Sehachsen ist widernatürlich! Beim normalen Schauen tasten wir ja auch nicht alle Einzelteile eines Gegenstandes erst ab, um dann endlich festzustellen, das ist ein Dieseltriebwagen, eine Düsenverkehrsmaschine oder ein Fabrikgebäude. Bei bekannten Gegenständen genügt ein Blick, um sie zu erkennen. Und die meisten Gegenstände, die einem Erwachsenen begegnen, sind ihm bereits bekannt.

---

* 1, 2, 3, 4, 5, 7, 8, 9

Genauso ist es beim Lesen! Wir müssen uns nur allmählich daran gewöhnen, unsere Sehachsen normal zu führen, um so unsere Blickspanne zu normalisieren.

Wir beginnen bei unserem Trainingsprogramm erst mit kürzeren Wörtern, gehen dann allmählich auf längere Wörter und schließlich auf sinnvolle Wortgruppen über. Daneben setzen wir zur Blickspannnormalisierung auch auseinandergezogene Zahlenbegriffe und Buchstabenpaare ein. Hier je ein Beispiel:

Sie sollen dabei die Zahl 547 mit einem Blick erkennen oder feststellen, ob die beiden peripheren Zeichen (A-A, 6-6) gleich sind.

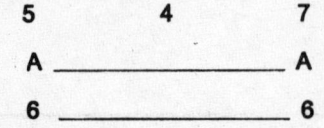

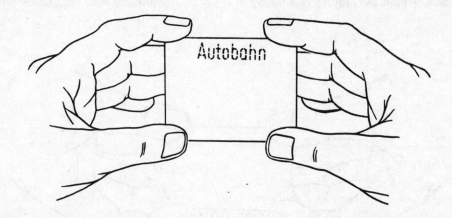

Bei diesem Training zur Weiterung der Blickspanne sollten Sie eine *Blitzkarte* (Muster in der
Mitte des Buches) verwenden.
Ich will Ihnen kurz erklären, wie Sie das tun
sollten.

Nehmen Sie die Blitzkarte so zwischen die
beiden Daumen und Zeigefinger, wie es die
Abbildung zeigt.

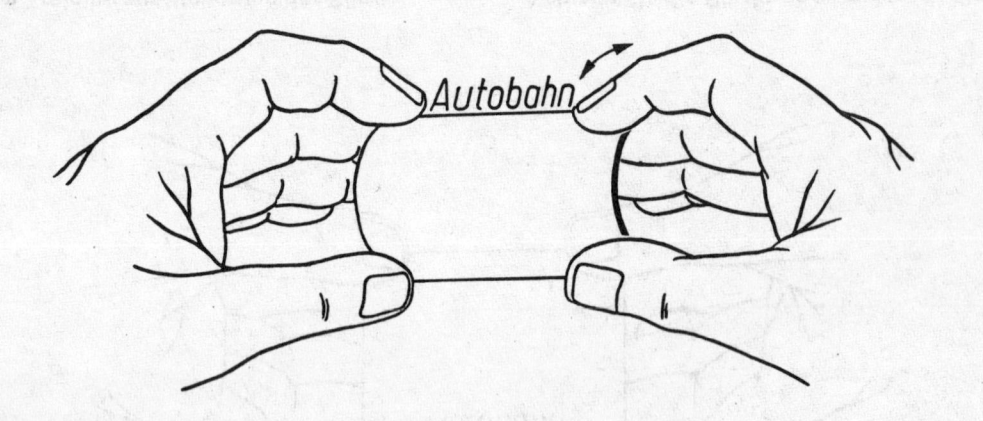

Decken Sie dabei das Wort (hier Autobahn),
die Wort- oder Buchstabengruppe so ab, daß
die obere Kante der Blitzkarte das Wort gerade
noch abdeckt. Die Blitzkarte liegt dabei nicht
auf dem Blatt auf, sondern wird rund einen
Zentimeter darüber gehalten. Krümmen Sie nun
die Blitzkarte durch leichten Druck der Zeigefinger in Richtung der Daumen so weit, daß
das betreffende Wort gerade sichtbar wird
(Abbildung).

Jetzt lassen Sie sofort wieder mit dem Druck
der Zeigefinger nach, so daß die Blitzkarte
wieder in ihre Ausgangsstellung zurückschießt.
Die Blende ist wieder geschlossen. Das Aufblenden dauerte nur 1/6 bis 1/3 Sekunde. Zeit
genug allerdings, um das Darunterliegende zu
lesen.
Beachten Sie noch: Wenn Sie ein Wort „blitz-
gelesen" haben, dann gehen Sie bitte mit Ihrer
Blitzkarte behutsam nach unten zum nächsten
Wort. Wenn Sie dabei zu stürmisch sind, besteht
die Gefahr, daß Sie das nächste Wort schon
erkannt haben, bevor Sie es mit der Blitzkarte
abgedeckt haben.

Flugzeit	Dezember
Dreikampf	Hochzahl
Gegentor	Funktion
Gastgeber	Kehrzahl
Wochenend	Relation
Wettkampf	Optimum
Heilbronn	Steigung
Richtpreis	Aussage
Merkmale	Rohstahl
Hungertod	Mutprobe
Augsburg	Nutzwald
November	Sendezeit

Anweisung	Generator
Werbefunk	Forschung
Forderung	Transport
Verwaltung	Überblick
Einladung	Dividende
unrentabel	Gutachten
Abschied	Aufnahme
Erlaubnis	aufklären
berichten	Sicherung
Lagerung	Löschung
Nutzraum	Patentamt
Streitwert	Frachtgut

Konsulat	Fernkauf
Prokurist	Normung
Sperrgut	Nachfrist
Währung	Platzkauf
Zeitlöhne	Zahlkarte
Werbung	Wertzoll
Vergleich	Postregal
Hemmung	Rückgriff
Festgeld	Stückkauf
Barscheck	Tagebuch
Bankrott	Umtausch
Deflation	Ausbeute

Annahme	Inventur
Buchgeld	Pfändung
Wechsel	Reallohn
Handkauf	Verlader
Ladeliste	Vorsatz
Lehrzeit	Politiker
Krangeld	Sendezeit
Rücklage	Einblick
Rüstzeit	Weitblick
Stückzeit	Edelstein
Deckung	Reiseziel
Inflation	Rücktritt

Bewertung	Finanzamt
Kühlwagen	Akkordlohn
Geldpolitik	Papiergeld
Maklerlohn	Bezogener
Einspruch	Dokumente
Wachmann	Luftstraße
Pfandrecht	Paketkarte
Seeschäden	Minderung
Haftsumme	Berlinhilfe
Bestellung	Meßzahlen
Zur Kasse	Mehr nicht
Wer liefert	Viel Lärm

schuldhaft	entlohnen
überwachen	vermehren
gegenüber	vermindern
entlasten	offerieren
beurkunden	begleichen
bestätigen	beachten
überzeugen	regelmäßig
ankündigen	bereichert
unhaltbar	beschädigt
abschlägig	verurteilt
auszahlen	berechtigt
sorgenvoll	überfällig

Antiregressionstraining
Erklärung Seite 31

Als Geschenk erhalten (1)   gestohlen (2)   ins Gefängnis geworfen

Wohlbefinden (1)   den Arzt herbeirufen   Fieberanfall (2)

Weiter verhandeln   alles klar (1)   noch keine Einigung erzielt (2)

Verdacht bestätigt (1)   über alle Zweifel erhaben (2)   sofort entlassen

Alle zufrieden (1)   Entlastung erteilt   vieles noch ungeklärt (2)

Schöpferischer Beitrag   Stillschweigen bewahrt (1)   Anregung gegeben (2)

Unruhige Tage (1)   sommerliche Ruhe (2)   150 Personen verletzt

Weltraumprojekt startbereit Verzögerung eingetreten (1) Antriebsfrage geklärt (2)

Negative Haltung (1)   positive Haltung (2)   Vorschläge begrüßt

Spannungen nehmen zu (1)   keine Gebietsforderungen (2)   Ernst der Lage

Friede eingekehrt (1)   wachsam sein   keine Einigung erzielt (2)

Frage geklärt (1)   Unsicherheit nicht behoben (2)   Was passiert, wenn...

Während beim Vokalisieren das Gelesene in irgendeiner Weise „lautvoll" mitgesprochen, vielleicht auch nur mitgebrummt wird, hört man beim Subvokalisieren keinerlei Laut mehr, kein Stimmwerkzeug bewegt sich, obwohl auch hier mitgesprochen wird, allerdings nur geistig.

Das „nur" soll allerdings nicht andeuten, daß dieser Lesefehler weniger gefährlich wäre. Er bringt die gleichen Nachteile wie das Vokalisieren, nämlich niedrige Lesegeschwindigkeit und geringes Aufnahmevermögen.

Wie heißt der hier besprochene Lesefehler?

Subvokalisieren – im Gedanken mitlesen

Welche Nachteile bringt diese schlechte Lesegewohnheit?

Langsames Lesen

Lösungen: Subvokalisieren; niedrige Lesegeschwindigkeit und geringes Aufnahmevermögen

Warum entstehen diese Nachteile? Einmal kostet das geistige Mitsprechen beinahe *ebensoviel* Zeit wie das tatsächliche Mitsprechen mit Hilfe der Sprechwerkzeuge, zum anderen wird durch das geistige Wiederholen der einzelnen Wörter das Gehirn blockiert, es kann in diesem Augenblick nichts anderes mehr tun, ist also nicht frei, frühere Empfindungen und Wahrnehmungen, frühere Bilder zu reproduzieren, zu reproduzieren auf Grund des eben Gelesenen.

Ein einfaches Beispiel soll das verdeutlichen. Im Text steht der Satz: Das Wasser im Topf ist heiß. Ein geübter Leser nimmt diesen Satz mit einem Blick auf. Der subvokalisierende Leser tastet Wort für Wort mit den Augen ab und liest Wort für Wort im Geist mit. Das ist falsch.

* 1, 2, 3, 5, 7, 8

Bleiben wir beim geübten Leser. Er nimmt den Satz also mit einem Blick auf. Das genügt noch nicht. Er muß den Satz verstehen, er muß sich vom geschilderten Zustand eine Vorstellung machen, ein Bild muß in ihm entstehen. Dieses Bild aber kann nur realistisch entstehen, die Vorstellung kann nur richtig sein, wenn er *Wasser* schon einmal gesehen, einen *Topf* schon einmal gesehen und etwas Heißes schon einmal gespürt hat. Bei dieser Wahrnehmung des Wassers und des Topfes und bei dieser Empfindung „heiß" muß er sich die Begriffe Wasser, Topf und heiß eingeprägt haben. Hört er oder liest er dann wieder diese Begriffe, dann werden aus dem Gehirn die hierfür gespeicherten Bilder herausgeholt, sie entstehen wieder, werden reproduziert. Allerdings muß das Gehirn dafür frei sein. Es kann immer nur eines machen, immer nur eines denken. Wir sehen also, daß wir beim Lesen unser Gehirn nicht mit dem Subvokalisieren blockieren dürfen, sondern es freihalten müssen, um Bilder, Vorstellungen reproduzieren zu können. Aufgenommen, begriffen haben wir einen Text nur dann, wenn wir uns das Gelesene vorstellen können.

Durch das Subvokalisieren
wird also unser Gehirn

(1) _blockiert_.

Es ist nicht mehr frei, um Bilder und Vorstellungen

(2) _zu reproduzieren_.

Wir haben also nur dann einen Text begriffen,
wenn

(3) _wir uns das Gelesene vorstellen können_.

Lösungen: 1) blockiert, 2) reproduzieren zu können, 3) wir uns das
Gelesene vorstellen können.

vorgesehen	verhandeln
überweisen	suspendiert
finanzieren	unmittelbar
unterlassen	nachsenden
überzeugen	vollkommen
ungenügend	ohnmächtig
engstirnig	aufgerufen
nachlässig	beurlauben
bewässern	verstärken
freundlich	bemängeln
mangelhaft	ortskundig
regulieren	einpendeln

Kein Bedarf	Bestellbuch
Wo ist Hans	Nahverkehr
Bitte senden	Nachnahme
Güterwagen	Ausverkauf
Gewinnzone	Postauftrag
Grundkosten	Automation
Kaufvertrag	Auflassung
Postlagernd	Spätschicht
Erfindungen	Großhandel
Betriebsrat	Rückschein
Bringschuld	Postpflicht
Mitarbeiter	Lieferwert

Wertangabe	Buchstaben
Augenblick	Gitternetz
Kleinaktie	Mengenbild
Bühnenbild	Nachfolger
Bullworker	Karlsruhe
Klangfarbe	Aberglaube
Rückblende	Automobile
Herzklappe	Einfühlung
Heidenheim	Fanatismus
Heimwerker	Theaterkleid
Eisenwaren	Disziplin
Grundmenge	Gedankengut

telefonieren	überzeugend
vorsortieren	einschalten
mittlerweile	realisierbar
postwendend	bekräftigen
postlagernd	aufgefordert
vorzeichnen	umfangreich
bezeichnend	vollgetankt
bezugnehmend	angeschlagen
befriedigend	angegriffen
ausreichend	unbegründet
diskutieren	verschrotten
hilfsbereit	reichhaltig

Einstellung	Meilenstein
Außenseiter	Strafkammer
Niederlage	Bildschirm
Wertmesser	Werturteil
Vorhersage	Supermächte
Teilnehmer	Zehnkämpfer
Abwesenheit	Pokalfinale
Herrenberg	Zielsetzung
Einsteller	Wohnkultur
Schallmauer	Konzeption
Geigerzähler	Aufführung
Opernführer	Unvernunft

Dachgesellschaft	Gesamtvollmacht
Bundesfinanzhof	Gliederungszahl
Entfernungstafel	Bürgschaftskredit
Firmenwahrheit	Binnenschiffahrt
Gewerbekapital	Glasversicherung
Gruppenakkord	Handelskammer
Handelsregister	Gebrauchsmuster
Annahmeverzug	Gewichtsabzüge
Bergmannsrente	Handlungsgehilfe
Betriebsordnung	Handelsvolumen
Nebenerzeugnisse	Einkommensteuer
Handlungslehrling	Betriebsvergleich

Springreiten (1)   Pferdesport   Rösselsprung (2)

Endlich beendet (1)   Eine kurze Unterbrechung (2)   Fortsetzung folgt

bekannt   auf der Suche nach (1)   jeder spricht davon (2)

Er kann es schon (1)   Ein intelligenter Junge   diese Aufgabe ist leicht (2)

Mengennachlaß   billig (1)   billiger geworden (2)

Schießsport (1)   ins Schwarze getroffen (2)   treffsicher

Ein Glied dieser Kette   trennen (1)   zusammenhalten (2)

Nicht immer die Wahrheit (1)   viele getäuscht (2)   Ein guter Zauberer

weben (1)   stricken (2)   Masche

Aufwand steigt (1)   Gewinne werden kleiner   mehr eingenommen (2)

Der Winter ist da   keine Sonne (1)   Schnee ist gefallen (2)

Erfolgreich gewesen (1)   Preis erhalten   nicht versagt (2)

Lösung: 1 – 2 – 2 – 1 – 2 – 2 – 2 – 2 – 2 – 1 – 2 – 1

Hier beginnen wir mit einem Konzentrationstraining besonderer Art. Sie sollen die Zahlen mit 1 beginnend mit einer zusammenhängenden Linie verbinden. Dabei ist es wichtig, daß Sie immer einige Zahlen vorspeichern. Also z. B. so: Wenn Ihr Auge von oben über das Feld gleitet, um die 1 zu suchen, dann sollten Sie sich bereits die Lage der 2 und 3, möglichst auch noch der 5 und 6 merken. Nur so können Sie die Übung in kurzer Zeit erledigen. Wenn Sie eine Klarsichtfolie über das Feld legen, können Sie die Übung öfter wiederholen. Die letzte Zahl ist 43.

Tätigkeitsverbot	Fersendrehschub
Quellenkenntnis	Böschungswinkel
Propagandathese	Petroleumgefäß
Atomkernspaltung	Laugenverätzung
Röntgenstrahlen	Außenspannstoß
Grundkomponente	Muskelverletzung
Porträtskulptur	Torwarttraining
Einbildungskraft	Blockkondensator
Glaubensspaltung	Schwimmerventil
Rundfunkempfang	Wunschlosigkeit
Gewindeschneider	Schriftgelehrter
Wassergewöhnung	Zentralregierung

Führerschein	Betriebsklima
Hauptzollamt	Herstellpreis
Erfüllungsort	Linienverkehr
Orderpapiere	Filialgeschäft
Finanzbericht	Bezugskosten
Gerichtsstand	Keiner kommt
Handelsbilanz	Geräte prüfen
Resteverkauf	Mängel rügen
Kernspeicher	Brief gelesen
Prozeßgericht	Wir erwarten
Schatzwechsel	Lob spornt an
Firmenschutz	Nicht rauchen

Baumaßnahme	Psychotechnik
Schulgemeinde	Gesichtspunkt
Wendeltreppe	Lösungsmenge
Lehrermangel	Elektrogramm
Verbandsspiel	Stellungnahme
Werbeschlager	Zuhörerkreise
Fabrikplanung	Platzangebote
Fußballjugend	Martinskirche
Kreiserhöhung	Gesamtschulen
Gesinnungswut	Morsealphabet
Pennsylvanien	Methylalkohol
Außenminister	Nukleonenzahl

Dampfturbine	Kreuzgewölbe
Akkumulator	Bierbrauerei
Streptomycin	Kauderwelsch
Zündhütchen	Geheimrezept
Förderhaspel	Mekkapilger
Netzfrequenz	Karawanserei
Winnipegsee	Igelstellung
Sozialprodukt	Seelenregung
Vatikanstaat	Verwegenheit
Denkprozeß	Schmucktruhe
Fadenkreuz	Teutonismus
Pfeffersäcke	Streichhölzer

Genußmittel	Pessimismus
Originalität	Aktiendepot
Erdbewohner	Schrottwert
Werbemittel	Schutzmacht
Anteilnahme	Präzisierung
Übersetzung	Wählergruppe
Hypnotiseur	Nivellierung
Konsumentin	Fragezeichen
Stückwissen	Körpergröße
Naturkräfte	Entspannung
Gefallsucht	Schlagworte
Baskenmütze	Entrechtung

Kein Warten	Erzeugnisse
Mehr sparen	Gütezeichen
Schau zurück	Firmenwert
Grundsteuer	Frachtbrief
Ertragswert	Nachttresor
Handelskauf	Frachtbasis
Krankengeld	Grundschuld
Lagerschein	Solawechsel
Außenhandel	Spareinlagen
Bezugsrecht	Giroverkehr
Nominallöhne	Durchschnitt
Gewerbeamt	Preisabzüge

Tausende von Menschen   leer (1)   voll (2)

sonnig (1)   wolkig (2)   ein schöner Tag

falls er die Prüfung besteht   sicher (1)   vielleicht (2)

monoton (1)   farbig (2)   eine ansprechende Aufmachung

Er gab nicht nach   zäh (1)   weich (2)

mündlich (1)   ein guter Vortrag   schriftlich (2)

dagegen (1)   dafür (2)   Zustimmung gefunden

ungelernter Arbeiter   Hand (1)   Kopf (2)

wortfaul (1)   gesprächig (2)   ein tüchtiger Vertreter

ein bewährter Demokrat   Sport (1)   Politik (2)

klug (1)   dumm (2)   die Lösung rasch gefunden

bestimmt (1)   unbestimmt (2)   wir nehmen an

Lösung: 2 — 1 — 2 — 2 — 1 — 1 — 2 — 1 — 2 — 2 — 1 — 2

Geduld und Ausdauer,
das sind die einzigen Kräfte,
mit denen man arbeiten muß.

(Coué)

Konzentrationsübung
Welche Zahl gehört zu den Buchstaben?

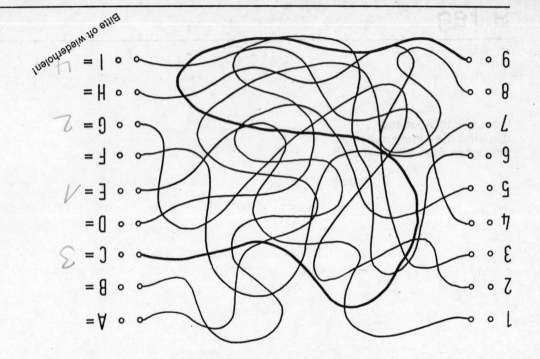

Bitte oft wiederholen!

A =
B =
C = 3
D =
E = 1
F =
G = 2
H =
I = 4

1
2
3
4
5
6
7
8
9

beschließen	normalisiert
nachgereicht	organisieren
wunschgemäß	durchlässig
gutschreiben	durchdenken
hochgestellt	berichtigen
eingewiesen	vervielfacht
aussortiert	kennzeichnen
verbrauchen	überschlagen
kombinieren	abschmieren
übertrieben	schnellebig
ausgeglichen	zerkleinern
entschlossen	übermitteln

Kassenzettel	Mutterschutz
Sichtwechsel	Schleifpapier
Bargründung	Arbeitsrecht
Frachtführer	Einschreiben
Einheitswert	Ihre Sendung
Dauerauftrag	Diese Mängel
Massekosten	Wenig Erfolg
Kinderarbeit	Ausgang hier
Hafenpolizei	Kam zu spät
Geldvolumen	Sehr schwer
Beurkundung	Alles besetzt
Beglaubigung	Schnell lesen

Volkshochschule	Sportvereinigung
Übereinstimmung	Entschlossenheit
Planungsverband	Titelverteidiger
Polstergarnitur	Schülermannschaft
Großausstellung	Rechtsabteilung
Einkaufszentrum	Marktanalysen
Kirchenkonzert	Gehaltsabrechner
Kammerorchester	Schreibtischlampe
Bekanntenkreis	Gesundheitswesen
Tabellenführer	Schlußbetrachter
Qualitätsprüfung	Kinderspielplatz
Taschenfahrplan	Landesmeisterin

Legislaturperiode	Spindeldrehbank
Weltjugendtreffen	Achsenabschnitt
Rekordbeteiligung	Gleichungskette
Tankstellennetz	Geschwindigkeit
Unterwasserhaus	Multiplikation
Aktionsprogramm	Mitteilungsblatt
Bewährungshelfer	Satzungsänderung
Zollabfertigung	Versandgeschäft
Schlußfolgerung	Ahnungsvermögen
Ganzheitsschule	Registrierkasse
Fahrzeughändler	Schwerindustrie
Vertrauenssache	Nobelpreisträger

Gemeindefinanzen	Säumniszuschläge
Gemeinderatswahl	Ausgleichsbeiträge
Ausschußsitzungen	Beschlußvorschlag
Gemeindeordnung	Vereinigungspolitik
Benützungszwang	Wasserversorgung
Landesregierung	Zentralregistratur
Innenministerium	Vergnügungssteuer
Bundesbaugesetz	Herstellungskosten
Altstadtsanierung	Abrechnungsgebiet
Realsteuergesetz	Liegenschaftsamt
Disziplinarrecht	Oberfinanzdirektion
Finanzministerium	Ordnungswidrigkeit

Musikinstrument	Landtagsfraktion
Vervielfältigung	Sturmkatastrophe
Erdgasgewinnung	Korrosionsgefahr
Moderatormaterial	Thronkandidatur
Leuchtzifferblatt	Nationalliberale
Riesensalamander	Protokollbeamter
Tschechoslowakei	Begabungsreserve
Großbritannien	Annäherungswerte
Elementarteilchen	Prinzipienpolitik
Schornsteinfeger	Existenzminimum
Beleuchtungsnorm	Kosmopolitismus
Styroporplatte	Chefdolmetscher

oben (1)	auf der Zugspitze	unterhalb (2)
stundenlanges Gespräch	kurz (1)	lang (2)
vorsichtig (1)	unvorsichtig (2)	ohne jede Schuld
dünn (1)	umfangreicher Bericht	dick (2)
mitteleuropäisches Festland	Peripherie (1)	Zentrum (2)
träge (1)	rascher Aufstieg	tüchtig (2)
arm (1)	reich (2)	besitzt die Aktienmehrheit
eilt (1)	sofortige Antwort erbeten	hat Zeit (2)
an seinem Problem nicht interessiert	Freund (1)	Feind (2)
bestellt (1)	Die Kiste ist endlich eingetroffen	nicht bestellt (2)
gewiß (1)	ungewiß (2)	falls Sie kommen
schnell (1)	langsam (2)	immer diese Hetze

Lösung: 1 — 2 — 1 — 2 — 2 — 2 — 2 — 1 — 2 — 1 — 2 — 1

Zahlen, die nur aus geraden Ziffern bestehen, unterstreichen!

1945	4567	3567	4622	8975	3925	6788	9755	2466	9843
2456	8765	9876	4422	7756	9732	8876	7765	7754	2245
2356	8866	7656	8462	8758	9432	2648	9876	1243	5467
2245	7654	9865	1324	2628	9765	1243	5676	3867	3567
2354	6754	8756	1243	8864	1782	3526	2246	2437	9876
1324	5647	7658	8254	7624	1425	8765	2454	2864	8765
2453	6756	6684	2454	7685	2345	8765	1235	6756	2454
2314	7561	2995	7656	2341	8765	2541	5564	2435	6756
2456	8224	7657	2453	9875	2266	7624	9753	1479	2285
3345	6756	9867	1254	7653	8764	2864	9845	1253	7645
2553	7564	9876	1243	5463	7563	3526	1362	2473	7563
2265	7463	9584	4462	4736	9584	8842	9684	2452	2745

Die letzte Zahl ist 34.

	3			18	
		8	15	2	11
17	23		4	10	7
	34				22
26	20	25	1		29
		14			16
5	28	9	19		6
	24		32		
12	31	33	27	30	
		21			13

Stundungsantrag	Mehrwertsteuer
Bundessteuern	Dokumentation
Ministerialrat	Aktenaufnahme
Regionalpolitik	Redaktionsarbeit
Bekanntmachung	Veröffentlichung
Mitverantwortung	Gesamtvolumen
Ortskanalisation	Industriegebiet
Stadtverwaltung	Rechnungsbeleg
Selbstverwaltung	Gewerbesteuer
Anschlußzwang	Gewerbebetrieb
Ersatzanspruch	Lohnsteuerkarte
Anliegerkosten	Zuschußbetrag

Isotopenlabor	Oberschwaben
Frühdiagnosen	Schallplatte
Zusammenhänge	Teileprüfung
Kindergelder	Fernschreiber
Kornwestheim	Bandaufnahme
Sindelfingen	Dienststelle
Gegentreffer	Zeitgenossen
Kreismeister	Hauptschulen
Hauptbahnhof	Fünfkämpfer
Abfahrtszeit	Verlustpunkte
Samstagabend	Punktgewinne
Kampfrichter	Wandteppiche

Abenteuerlust	Aschermittwoch
Schemastadium	Spurenelemente
Gestaltwandel	Kellergeschoß
Korrespondent	Leistungswille
Hofzeremoniell	Gondelinsassen
Fanfarenstoß	Zentimetermaß
Kutschermantel	Schauspielerin
Wesensmerkmale	Reklamezettel
Bürgerschreck	Prophetenwort
Brettergerüst	Mädchengesang
Dämmerzustand	Überschalldüse
Zugehörigkeit	Kettenreaktion
Spelunkenwirt	Schmucksteine

Augengymnastik
Verfolgen Sie die Linien vor und zurück

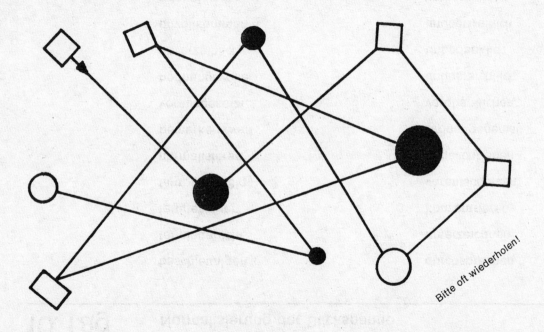

Bitte oft wiederholen!

beschleunigen	durchsprechen
termingerecht	unterzeichnen
ferngesteuert	konzentrieren
fahrplanmäßig	vorentscheiden
normalisieren	abgeschrieben
bemerkenswert	ordnungsgemäß
vorausgesetzt	veröffentlichen
hoffnungsvoller	unübersichtlich
unverzeihlich	unbedenklich
unvollkommen	unübertrefflich
ortsunkundig	verunreinigen
voraussichtlich	nachbestellen

Einzelprokura	Devisenbilanz
Fernsprecher	Gleisanschluß
Besitzsteuern	Mußkaufmann
Bezugsquelle	Mietlagerung
Lohnpfändung	Rentenschuld
Transithandel	Versicherung
Büroklammer	Vorlagegebot
Fernsprecher	Buchhypothek
Familienfeier	Abschreibung
Erfolgsbilanz	Bestellkartei
Blitzgespräch	Fichtenstamm
Werbeantwort	Gelddepositen

Pflichtauffassung	die Aufgabe lösen
Wege zur Lösung	Glück im Unglück
Schall und Rauch	Kabale und Liebe
Vermögensabgabe	Zwangsverwaltung
Ihr Schreiben vom	Schreiben Sie bald
Wir haben geprüft	Ohne mein Wissen
Verhandlungsbasis	Kostenbelastungen
Verwaltungskosten	Betriebsstillegung
Zahlungsbedingung	Bitte um Rückgabe
Läßt sich machen	Wir danken Ihnen
Die Bilanz stimmt	Sorge dich nicht
Peter der Große	Konkursverwalter

erfreulich (1)   Freude getrübt (2)   Preise bleiben stabil

Flug geglückt   Im Atlantik abgestürzt (1)   freudiges Wiedersehen (2)

gute Aussichten (1)   nichts Gutes zu erwarten (2)   erfreulich

Er vertrat die Ansicht   engagiert (1)   unbeteiligt (2)

Neue Freundschaften geschlossen   Einzelgänger (1)   kontaktbereit (2)

Wiederholt versucht (1)   strebsam   als uninteressant erwiesen (2)

langatmig (1)   kurz berichtet (2)   Meldung in Schlagzeilen

Wichtige Aufgaben noch zu lösen   Probleme stehen an (1)   reiner Tisch (2)

Bankguthaben (1)   steigende Schuldenlast (2)   Zinsen erbracht

Es besteht die Hoffnung (1)   Daran läßt sich nichts ändern   ausweglos (2)

Verreist gewesen (1)   Es führt kein Weg zurück (2)   als ich wieder nach Hause kam

Einigung erzielt (1)   Die Entscheidung steht noch aus (2)   erledigt

* Lösungen: 1 – 2 – 1 – 1 – 2 – 1 – 2 – 1 – 1 – **2** – 1 – 1

Streckenvortrieb	Gebläsemaschine
Wasserkraftwerk	Notstromaggregat
Korrekturzeichen	Tierkreiszeichen
Vegetationszonen	Zahlungsverkehr
Steinsalzbergwerk	Karosseriebauer
Gewerbetreibende	Fleischknappheit
Seitenverhältnis	Bolschewisierung
Rücktrittsbremse	Einschreibegebühr
Leibeserziehung	Bildungszentrum
Stimmenmehrheit	Übereinstimmung
Prospektmaterial	Prüfungsberichte
Qualitätsbeweise	Handtuchtrockner

Mitverantwortung	Kaufmannsgehilfe
Verfahrensstreit	Wertbeständigkeit
Bildungsrückstand	Oktoberrevolution
Entwicklungshilfe	Bahnhofsvorstand
Buchbesprechung	Tschechoslowakei
Warenkalkulation	Aktionsprogramm
Frischluftheizung	Innenausstattung
Tanzunterhaltung	Landessparkasse
Heiratsschwindel	Arbeitskameraden
Industrieproduktion	Zuliefererindustrie
Senkrechtstarter	Oppositionspolitiker
Verwaltungsarbeit	Kriegsgeschichten

Kurzarbeitergeld	Erfüllungsgehilfe
Postwurfsendung	Kündigungsschutz
Arbeitslosenhilfe	Geschäftspapiere
Stadtautobahnamt	Dringendes Paket
Gläubigerpapiere	Ausfuhrvergütung
Lohnsteuertabelle	Einheitsgründung
Gebührenordnung	Ausfuhrverfahren
Generalvollmacht	Altersversorgung
Bargeldzahlungen	Betriebsergebnis
Einfuhrverfahren	Gruppenfertigung
Abfertigungsfrist	Produktionsgüter
Orderladeschein	Gewinnermittlung

nachkalkulieren	hochachtungsvoll
außerordentlich	widerstandsfähig
vernachlässigen	unternehmerisch
benachrichtigen	wissenschaftlich
vertragsbrüchig	verhandlungsbereit
multiplizieren	schonungsbedürftig
stellvertretend	zahlungsberechtigt
meldepflichtig	empfangsberechtigt
vielbeschäftigt	erholungsbedürftig
freigesprochen	erfahrungsgemäß
leistungsfähiger	nachkontrollieren
ungerechtfertigt	erholungsbedürftig

Prämienanleihe	Kreditgeschäfte
Domizilwechsel	Ersatzanspruch
Eilüberweisung	Rollfuhrdienste
Jahresabschluß	Unternehmungen
Grundkapitalien	Zahlungsbefehle
Überschuldungen	Organisationen
Kreditverträge	Fremdgeschäft
Gewerbeertrag	Erfüllungszeiten
Beglaubigungen	Familienregister
Lokalmeldungen	Drehzahlmesser
Weltstadtangebot	Nachtflugverbot
Wiedergenesung	Kammerkonzert

Amateursender	Gammastrahlen
Stahlrohrmöbel	Akkommodation
Emporkömmling	Hausanschlüsse
Güterumschlag	Krankenscheine
Lehrwerkstätten	Klammerregeln
Berufsverbände	Formänderungen
Aluminiumblech	Quadratwurzeln
Pendelversuche	Bunsenbrenner
Silberschmiede	Filmregisseure
Höchstbestrafung	Fragenkomplexe
Voraussetzungen	Erfolgsromane
Geselligkeitssinn	Vermögensanlage

endlich (1)	unendlich (2)	**Ziel erreicht**
Aufgabe gelöst	möglich (1)	unmöglich (2)
nicht dabei gewesen	unschuldig (1)	er ist schuld (2)
studiert (1)	überflogen (2)	**schnell gelesen**
er hat es versucht	zögern (1)	wagen (2)
bremsen (1)	**es eilt sehr**	Gas geben (2)
durch und durch (1)	oberflächlich (2)	**alles gründlich behandelt**
alles beim alten (1)	neuer Vorsitzender (2)	**Änderung eingetreten**
Gefahr gebannt	Feuer nicht gelöscht (1)	Ruhe eingetreten (2)
hell (1)	dunkel (2)	**das ist Licht**
zögern (1)	**man muß es schaffen**	drängen (2)
genau wissen	kalkulieren (1)	schätzen (2)

Lösungen: 1 — 1 — 1 — 2 — 2 — 2 — 1 — 2 — 2 — 1 — 2 — 1

21	18	17	16	
7		2		30 · 4
25	26	31	24 · 36	9
	6			
8 · 34	33	27	10	3
	11		37	
22	28 · 13	23	19	14
35		38		15
29	39	1	40	5
	12		32 · 20	

Die letzte Zahl ist 40.

In Ihrem Namen	Wir nehmen an
Ursprungsland	Seenotkreuzer
Offenbarungseid	Höchstbestand
Altersruhegeld	Arbeitsteilung
Einlagenpolitik	Handelsspanne
Mustermessen	Luftfrachtbrief
Er kam zu spät	Eile mit Weile
Wie lange noch	Hans im Glück
Er lacht gerne	Schwer wie Blei
Berufsfürsorge	Geschäftsanteil
Finanzbehörde	Entfernungszone
Grubenvorstand	Mechanisierung

Sammelscheck	Erfüllungszeit
Scheibenbremse	Nicht vergessen
Hans im Glück	Bohrmaschine
Schichtwechsel	Inhaberscheck
Nutzungsgrenze	Verhältniszahl
Wasserstraßen	Seefrachtbrief
Handelsmakler	Finanzwechsel
Mindestentgelt	Postanweisung
Firmeneinheit	Sammelladung
Blockdiagramm	Formkaufmann
Handelsverbot	Vertragsstrafe
Exportvertrag	Verkaufslager

Personalkredit	Lastenausgleich
Prämiensparen	Kreditsicherung
Hauptspeditör	Inkassogeschäft
Ladengeschäfte	Handelskammer
Lohnsteuerkarte	Telefonverkehr
Mindestbestand	Supermärkte
Klageverfahren	Sonderausgaben
Einzelfertigung	Übernahmesatz
Erfolgsrechnung	Unfallverhütung
Firmenmonopol	Reihenfertigung
Finanzbehörden	Betriebsführung
Einzelvollmacht	Erstversicherer

Arbeitsplanung	Teilnehmerkreis
Sonderprojekte	Langspielplatte
Formgestaltung	Gleichgültigkeit
Liegenschaften	Einspielergebnis
Gegenmaßnahme	Gewaltmaßnahmen
Anzeigenschluß	Drucksachenlager
Fernmeldekabel	Schulungsplanung
Invasionsopfer	Radarnavigation
Sanitätswesen	Fahrzeugführer
Budgetplanung	Ortsdurchfahrt
Hauptverwaltung	Jungbürgerfeier
Frühjahrswetter	Tiefbauarbeiten

Lebensstandard	Gymnastikkurs
Nachwuchsmangel	Geheimzeichen
Zentrumskanzler	Urheberrechte
Expansionismus	Fayencemalerei
Entkolonisation	Anziehungsfeld
Quellenkenntnis	Milchzentrifuge
Totalitarismus	Rechenschieber
Informationen	Arbeitsprozeß
Wanderarbeiter	Landeigentümer
Zweistromland	Begünstigungen
Restaurierung	Hochstrombogen
Kunstfälscher	Drehstrommotor

Wurzellosigkeit	Vorhallenfenster
Fehlentwicklung	Seelenstruktur
Unterwürfigkeit	Triebverkehrung
Mondfinsternis	Übergangsphase
Schwimmrekorde	Werkzeugdenken
Neumecklenburg	Lichtsteuerung
Festlandküste	Menschengestalt
Recklinghausen	Sanitätsdienste
Stecknadelköpfe	Botanisiertrommel
Sicherheitsrat	Anschauungsbild
Jugendherberge	Kilowattstunden
Anthroposophie	Gardinenleisten

Die dezente Aufmachung   zurückhaltend (1)   grell (2)

unzuverlässig (1)   korrekt (2)   immer pünktlich zur Stelle

Die Frage ist endlich beantwortet   langsam (1)   schnell (2)

ungeduldig (1)   bitte lassen Sie sich Zeit   geduldig (2)

Alles wegen der Kreditsperre   günstig (1)   ungünstig (2)

aufwärts (1)   keine Chancen (2)   der zukünftige Manager

Wächst sehr gut   ausgetrocknet (1)   gedüngt (2)

Es könnte ja regnen   optimistisch (1)   pessimistisch (2)

Erfolglos (1)   Konkurs angemeldet   Glück (2)

vergeblich (1)   pünktlich (2)   keine Verspätung

Überzeugende Ausdrucksweise   Redakteur (1)   Verleger (2)

Sport (1)   Fußball (2)   das zweite Tor

Lösungen: 1 — 2 — 1 — 2 — 2 — 1 — 2 — 2 — 1 — 2 — 1 — 2

Sie sind mitten drin;
nur weiter so.
Wer zu früh aufgibt, verliert alles.

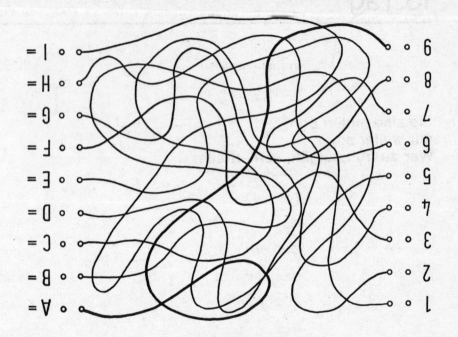

Konzentrationsübung
Welche Zahl gehört zu den Buchstaben?

A =
B =
C =
D =
E =
F =
G =
H =
I =

1
2
3
4
5
6
7
8
9

Verhaltensweise	Charaktertypen
Hortensienblüte	Wertrangordnung
Reisebetrachtung	Straßenpolizei
Steuerobrigkeit	Kindergärtnerin
Schönheitsfehler	Zwischenlandung
Theatergastspiel	Touristenklasse
Illusionsspiele	Rumpelstilzchen
Zeitbewußtsein	Schreckgespenst
Urteilsfunktion	Gedächtniskirche
Autobiographie	Klappergestelle
Renommiersucht	Ferienquartiere
Klassifikation	Miniaturmalerei

Gemeindezentrum	Beitragserstattung
Lohnkostenersatz	Schadensausgleich
Ortspolizeibehörde	Gesundheitswesen
Verwaltungsbehörde	Straßenverzeichnis
Besoldungsordnung	Zusatzversicherung
Wählerverzeichnis	Fahrtkostenersatz
Baubeschränkungen	Kultusministerium
Landwirtschaftsamt	Studienprogramm
Rechnungsbeschluß	Erwerbsunfähigkeit
Verwaltungsreform	Tiefbauprogramm
Zeugenvernehmung	Wohnraumstatistik
Feststellungsbogen	Mietpreiserhöhung

Wirtschaftsjournal	Landwirtschaftsrat
Programmdirektor	Lohnkostensumme
Gewerkschaftsbund	Metallwarenhändler
Luftfahrtindustrie	Interzonenverkehr
Schlußfolgerungen	Studentenunruhen
Nachrichtenagentur	Mischungsrechnen
Langzeitgedächtnis	Gebrauchsfähigkeit
Oberregierungsrat	Kalksteinindustrie
Staatsanwaltschaft	Informationsschau
Nachwuchsprobleme	Geschäftsverlegung
Wahlgemeinschaft	Zusammenfassung
Wintersportmoden	Verwaltungsarbeit

Betriebswirtschaft	Tarifverhandlungen
Verlust und Gewinn	Aktiengesellschaft
Hagelversicherung	Industrieobligation
Unfallversicherung	Unternehmerrisiko
Bürgschaftsakzept	Geschäftsguthaben
Auslieferungslager	Kapitalverwendung
Nettoregistertonne	Verjährungsfristen
Wechselabschriften	Fernsprechverkehr
Meistbegünstigung	Dauerüberweisung
Schadenfeststellung	Arbeitsanweisungen
Privatversicherung	Strukturwandlungen
Betriebsabrechnung	Einlagengeschäfte

Erschließungsbeitrag	Verbandsvorsitzender
Versammlungsgesetz	Regierungspräsidium
Gemeindeverwaltung	Standortuntersuchung
Verwaltungsgericht	Gesamtverkehrsplan
Verteilungsmaßstab	Vermessungsbehörde
Darlehensaufnahme	Installationsarbeiten
Erbbauberechtigter	Straßenbauprogramm
Oberbürgermeister	Mietpreisüberwachung
Entwässerungsgebühr	Hausratentschädigung
Investitionsprogramm	Arbeiterversicherung
Schulentwicklungsplan	Unternehmungsleitung
Verflechtungsbereich	Auslandsbeziehungen

Schlußkommunique	Gelegenheitsarbeit
Luftlinienabstand	Arbeitskräftemangel
Nationaleinkommen	Tuberkelbakterien
Bevölkerungsteile	Thermitschweißung
Wählergesellschaft	Lotterieverkäufer
Mehrheitswahlrecht	Stahlformgießerei
Garantieerklärung	Starkstromtechnik
Elfenbeinplättchen	Schallschwingungen
Lasurfarbensystem	Kathodenstrahlröhre
Sozialtheoretiker	Generatorspannung
Landschaftsporträt	Drehstrommaschine
Dampfstrahlgebläse	Richtfunkverbindung

erlauben (1)   verbieten (2)   mit Ihrem Einverständnis

Ein schöner Sommertag   Regen (1)   Tau (2)

bescheiden (1)   auf alles verzichten   unbescheiden (2)

Auf der anderen Seite   hier (1)   dort (2)

Wir können nicht umhin   erfreulich (1)   unerfreulich (2)

offen (1)   leider keine Auskunft   verschlossen (2)

Er blieb trotzdem ruhig   gefährlich (1)   ungefährlich (2)

Lob (1)   Tadel (2)   Bitte lesen Sie schneller

auf dem Schreibtisch   oben (1)   unten (2)

innen (1)   außen (2)   bereits abgelegt

Bitte besuchen Sie uns bald   beliebt (1)   unbeliebt (2)

Sieg (1)   Niederlage (2)   ein großes Fest feiern

Lösungen: 1 — 2 — 1 — 2 — 2 — 2 — 1 — 2 — 1 — 1 — 1 — 1

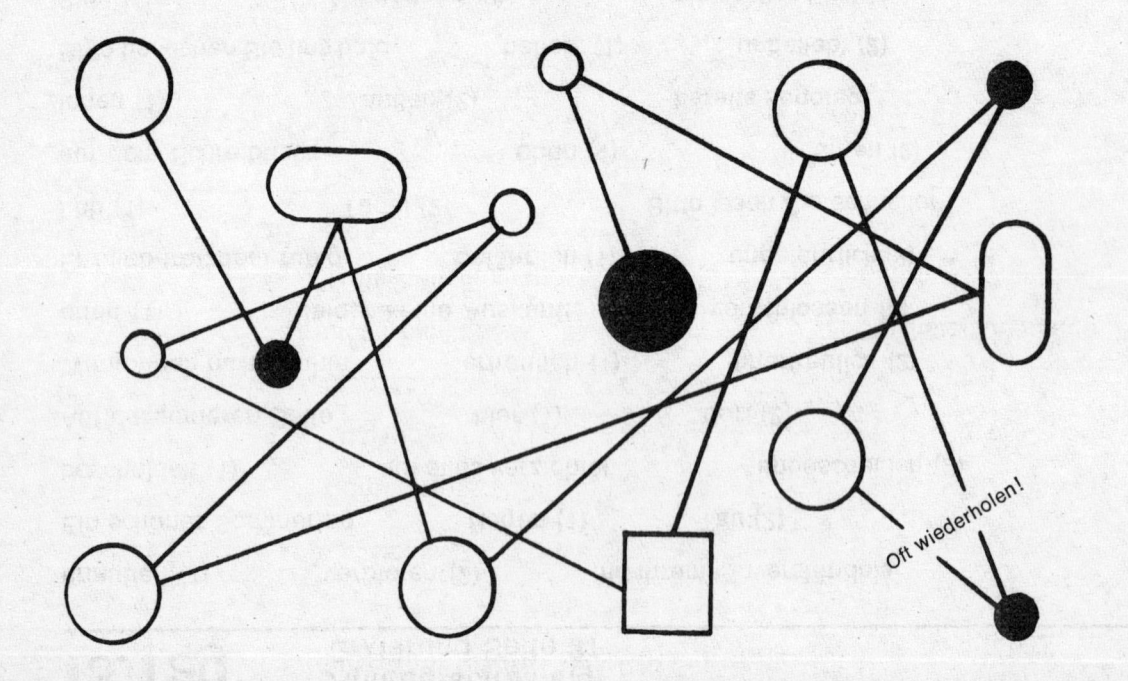

Oft wiederholen!

Ausdehnungsgefäß	Kapitalsubvention
Chromschutzmittel	Informationsreise
Frisierkommödchen	Premierenpublikum
Fleckenentfernung	Jugendmusikschule
Isolierbauplatten	Durchsteckmontage
Trittschalldämmung	Auseinandersetzung
Fahrzeugbereifung	Kinderpsychologie
Durchlauferhitzer	Wirtschaftswunder
Stufentransformator	Ersatzbefriedigung
Induktionsapparat	Illustriertenidole
Lagerkommandantur	Zweidrittelmehrheit
Raumfahrtexperten	Publikumsinteresse

Sein letztes Angebot

Vergrößerte Märkte

Die rasche Zunahme

Antworten Sie bald

Produktionsfaktoren

Zollfahndungsstelle

Prämienberechnung

Bruchversicherung

Geldmarktgeschäfte

Jugendarbeitsschutz

Lebensversicherung

Bitte unterzeichnen

Entscheidende Rolle

Finanzielle Planung

Fühler ausstrecken

Sammelverwahrung

Wettbewerbsverbot

Umschlagshäufigkeit

Arbeitsvermittlung

Finanzbuchführung

Handlungsvollmacht

Kartellgesetzgebung

Organisationsmittel

Nicht länger warten

Gesundheitsbehörde	Streichholzschachtel
Zigarettenschachtel	Verlagsbuchhandlung
Wirklichkeitstreue	Brennstoffverbrauch
Unterhaltungsspiele	Jahresniederschläge
Völkergemeinschaft	Bundesbahndirektion
Unterstaatssekretär	Widerstandsfähigkeit
Neutralitätsvertrag	Monopolkapitalismus
Repatriierungslager	Sicherheitsbedürfnis
Öffentlichkeitsarbeit	Gelegenheitsarbeiter
Metallverarbeitung	Klingeltransformator
Reparaturwerkstätte	Bruttoregistertonnen
Industrieansiedlung	Direktionssekretärin

28	4	20	10		7
21	26			13	30
3	9	25		23	
	16		22	5	
14	11	1		18	
6	29			8	27
17	19	15	24		
	2		12		

Die letzte Zahl ist 30.

Gesundheitswesen	Betriebsbuchhaltung
Täuschungsmanöver	Revisionsabteilung
Tatsachenbericht	Patentdokumentation
Erfahrungsbericht	Entwicklungshelfer
Sonderkontrollen	Fußgängerüberweg
Informationsabend	Rundfunkaufnahmen
Oberbürgermeister	Zimmervermittlung
Diskussionsleiter	Freizeitgestaltung
Sonderentwicklung	Kostenunterdeckung
Kreditüberwachung	Deutschlandtreffen
Systementwicklung	Verwaltungsreform
Vertragsverwaltung	Kapazitätsplanung

Er trägt den Fall vor	in den nächsten Tagen
Vorbereitung ist alles	den rechten Weg finden
Eine freie Rede halten	allgemein erforderlich
das ist von Interesse	die Wirtschaft stagniert
das was nützlich ist	wird bestimmt durch
gründlich einprägen	er betrachtet es als
er tut das Gegenteil	er rechnet fest damit
viel zu oberflächlich	den Schaden beheben
nicht gründlich genug	den Fehler gefunden
den Brief überflogen	die Frage hochgespielt
wer beantwortet ihn	den Fall vorgetragen
das ist gut möglich	den Schaden anerkannt

Glückwunschsendung

Multiplikationsfaktor

Nachkriegsdeutschland

Bundesbahnbeamter

Wirtschaftsaufschwung

Spannungsausgleicher

Zusammengehörigkeit

Zivilisationskrankheit

Kommunalverwaltung

Kundendienstmonteur

Rückfahrscheinwerfer

Sicherheitsfahrwerke

Filmbewertungsstelle

Förderungsgespräch

Unovollversammlung

Beamtenorganisation

Wartungskostenanteil

Langstreckenbomber

Palästinaflüchtlinge

Unternehmungsleitung

Fortsetzungsgeschichte

Hauptanziehungspunkt

Ausbildungsverhältnis

Automobilausstellung

Er braucht diese Medizin   gesund (1)   krank (2)

dafür (1)   dagegen (2)   wir freuen uns sehr

angenehm (1)   eine vorzügliche Klimaanlage   unangenehm (2)

einleuchtende Argumente   unklar (1)   klar (2)

trocken (1)   naß (2)   wegen der starken Niederschläge

zugeneigt (1)   Er zeigte großes Verständnis   abgeneigt (2)

hohe Umsätze erzielt   Freude (1)   Unglück (2)

eilt (1)   hat Zeit (2)   bitte antworten Sie bald

schon vor einiger Zeit   morgen (1)   gestern (2)

laut (1)   großes Aufsehen erregt   leise (2)

so ist eben das Leben   froh (1)   traurig (2)

vergangen (1)   während der morgigen Sitzung   zukünftig (2)

Lösung: 2 — 1 — 1 — 2 — 2 — 1 — 1 — 1 — 2 — 1 — 2 — 2

Achtung: Zeitnahme

Die Gewinnung von Süßwasser aus dem Meer ist eines der wichtigsten technologischen Probleme unserer Zeit. In den Küstengebieten Vorderasiens und Nordafrikas würde sich die landschaftliche und soziologische Situation grundlegend ändern, wenn es gelänge, wirtschaftlich tragbare Verfahren zur Umwandlung von Meerwasser in Süßwasser zu entwickeln. Auch in zivilisatorisch bereits erschlossenen Gebieten, zum Beispiel im Osten Nordamerikas, macht sich schon heute ein Mangel an Süßwasser bemerkbar. 62 verschiedene Verfahren wurden 1962 in Athen auf dem 1. Symposium „Süßwasser aus dem Meer" diskutiert, die jedoch praktisch alle entweder technisch noch nicht ausgereift oder wirtschaftlich zu teuer sind. In der Regel sollte der Preis für einen Kubikmeter Süßwasser etwa eine Mark betragen. Kürzlich wurde nun in Deutschland ein Verfahren zur Diskussion gestellt, bei dem Meerwasser vereist und das sich dabei abscheidende Süßwassereis abgetrennt wird. Das Verfahren geht davon aus, daß sich beim Abkühlen einer wäßrigen Salzlösung nicht ein Eis-Salz-Gemisch, sondern anfangs reines Eis abscheidet. Das Salz reichert sich dabei in der flüssigen Sole an, die sich beim Gefriervorgang konzentriert. Zur technischen Ausführung wird das vorgekühlte Meerwasser in eine Gefriertrommel gepumpt, in der sich unter einem Druck von 28 Atmosphären verflüssigtes Kohlendioxyd von −10 Grad Celsius befindet. Das sich bildende Eis wird mittels einer Förderschnecke abgeschaufelt; die Salzsole fließt ab. Das dabei

vergasende Kohlendioxyd wird gereinigt und
zur erneuten Verwendung in einer Kompressor-
anlage verflüssigt.

Schwierigkeiten bereitet jedoch noch das völlige
Abtrennen der Salzsole von dem Süßwasser.
Versuche, Eis und Sole durch Abpressen von-
einander zu trennen, zeigten, daß hierbei Sole
in dem festgepreßten Eis eingeschlossen wird,
die sich auch durch Waschen mit Süßwasser nicht
entfernen läßt. Wirksamer, aber auch das
Verfahren verteuernd, dürfte hier das Abzentrifugieren sein. Die Kosten des so gewonnenen
Süßwassers werden sich grundsätzlich senken
lassen, wenn es gelingt, auch die anfallende Sole
zu verwerten. Erste erfolgversprechende Versuche
sind hierzu bereits unternommen worden. E. F.

Ende: Zeitnahme!

Wortzahl: 310   Lesegeschwindigkeit: _171 sek_

Das entspricht _167_ WPM

1) Welche der 3 folgenden Überschriften wäre
   die treffendste:
   a) Mehr Lebensraum für eine wachsende
      Menschheit.
   b) Süßwasser aus dem Meer.
   c) Neue Wege in der Wasserwirtschaft.

2) Was wird in diesem Artikel als eines der
   wichtigsten technologischen Probleme unserer
   Zeit bezeichnet:

   Die Umwandlung von Salz in
   Süßwasser / Süßwasserknappheit

3) Wo würde sich die landwirtschaftliche und
   soziologische Situation grundlegend ändern,

wenn es gelänge, dieses Problem wirtschaftlich
zu lösen:

10 a) _Verdrasien, Nordafrika_

b) _Ost Amerika_

4) In welchem zivilisatorisch bereits erschlosse-
nem Gebiet machen sich aber z. B. bereits
jetzt Schwierigkeiten in der Süßwasser-
versorgung bemerkbar:

10 _Nordamerika_

5) Wieviel verschiedene Verfahren wurden auf
dem 1. Symposium über dieses Problem in
Athen diskutiert:

10 _62_ Verfahren

6) An welchen Mängeln litten diese Verfahren:

a) _geringe Wirtschaftlichkeit_ 5

b) _____

7) Welcher Kubikmeterpreis für Süßwasser
aus dem Meer wird angestrebt:

_1_ DM   10

8) Was geschieht beim Abkühlen einer wässrigen
Salzlösung:

a) Es entsteht ein Eis-Sole-Gemisch.
b) Eis und Sole werden getrennt abgeschieden.

9) Auf welchen Grundgedanken beruht demnach
das in Deutschland zur Diskussion gestellte
Verfahren:

a) _Vereisung_   5

b) _____

10) Nun zur technischen Ausführung:

Das vorgekühlte Meerwasser wird in eine

a) _____ gepumpt, in der sich

b) _____ bei einer

Temperatur von c) _____ unter einem

Druck von d) _____ befindet. Das sich

bildende Eis wird e) _____ ,

die f) _____ fließt ab.

Das dabei g) _____

Kohlendioxyd wird dann h) _____

über eine i) _____ anlage

geleitet, dort j) _____ und schließlich

k) _____

11) Worin liegt die Hauptschwierigkeit:

*Süßwasser und Sole
trennen*   10

12) Welche Methode des Abtrennens ist
wirkungsvoller, das:
a) Abschaufeln
b) Abpressen
c) Abzentrifugieren   10

95 Punkte

Bitte geben Sie für jede richtige Antwort
10 Punkte. Sie können dann maximal 250 Punkte
erreichen.

Hier ist die Lösung:
1) b, 2) die wirtschaftliche Gewinnung von
Süßwasser aus dem Meer, 3) a) in den Küstengebieten Vorderasiens, b) in den Küstengebieten
Nordafrikas, 4) im Osten Nordamerikas, 5) 62
Verfahren, 6) a) technisch nicht ausgereift,
b) zu teuer, 7) 1.– DM, 8) b), 9) a) Meerwasser
vereisen, b) Süßwasser abtrennen, 10) a) Gefriertrommel, b) verflüssigtes Kohlendioxyd, c) 10
Grad minus, d) 28 Atmosphären, e) abgeschaufelt,
f) Salzsole, g) vergasende, h) gereinigt, i) Kom-
pressions-, j) verflüssigt, k) wiederverwendet,
11) Salzsole von Süßwasser zu trennen, 12) c.
Für nicht ganz richtige Antworten sollten Sie

einen entsprechenden Abzug machen.

Hier die Bewertung:
250 – 230 Punkte: sehr gut
225 – 200 Punkte: gut
195 – 170 Punkte: befriedigend

Unfalluntersuchungen	Finanzplanungsgesetz
Berufsgenossenschaft	Dispositionsgrundsatz
Versicherungspflicht	Krankenversicherung
Kommunalwirtschaft	Versicherungsfreiheit
Verwaltungsstruktur	Kriegsopferversorgung
Regierungserklärung	Personalaufwendungen
Demonstrationsrecht	Planungsgemeinschaft
Verwaltungsgebühren	Versicherungsnummer
Prüfungskommission	Wohnungsbauförderung
Regierungspräsidium	Wohnraumbeschaffung
Verwarnungsverfahren	Veränderungsnachweis
Förderungsmaßnahmen	Liegenschaftskataster

Grundhandelsgeschäfte   Todesfallversicherung

Eigentümergrundschuld   Konsumversicherung

Gläubigerversammlung   Nachnahmebegleitschein

Kraftwagengüterverkehr   Volksunfallversicherung

Kostenstellenrechnung   Schiffahrtunternehmung

Optimaler Kostenpunkt   Postschecküberweisung

Unternehmungsergebnis   Kreditgenossenschaften

Sicherungsübereignung   Gemeinschaftswerbung

Vermögensversicherung   Interessengemeinschaft

Wechselvervielfältigung   Familienausgleichskasse

Verfügungsberechtigung   Fortlaufende Notierung

Wechselzahlungsbefehl   Allgemeinverbindlichkeit

Religionszugehörigkeit	Wehrbereichskommando
Universitätsmannschaft	Kofferschreibmaschine
Unterschriftensammlung	Veranstaltungskalender
Mannschaftsaufstellung	Landesentwicklungsplan
Lieferantenbuchhaltung	Mitarbeiterinformation
Polizeihauptkommissar	Grundlagenforschung
Geschicklichkeitsfahren	Vertriebsunterstützung
Dividendenausschüttung	Umsatzgeschwindigkeit
Bundesgeschäftsführer	Herstellungsverfahren
Schaufenstergestaltung	Modernisierungsarbeit
Wohlstandsgesellschaft	Schnellverkehrsstraßen
Förderungsmaßnahmen	Untersuchungsausschuß

Forschungsergebnisse	Religionsgemeinschaft
Wissenschaftsminister	Entartungserscheinung
Datenfernverarbeitung	Werkzeugkonstruktion
Organisationsplanung	Wasserwirtschaftsamt
Lichtbogenschweißung	Lebenshaltungskosten
Zwangsmitgliedschaft	Entwicklungsaktivität
Ministerialbürokratie	Hochschulabsolventen
Städtepartnerschaften	Zivilisationskrankheit
Landesproduktenbörse	Finanzierungsinstitut
Oberflächenbehandlung	Dividendenentwicklung
Einsetzungsverfahren	Multiplikationsregeln
Schülermitverwaltung	Verkaufserfahrungen

Eigentumsübertragung	Kalkulationszuschläge
Hinterbliebenenrenten	Außenhandelsgeschäft
Dienstleistungsbilanz	Anerkennung gefunden
Kostensenkung um 3%	Personengesellschaft
Sozialgerichtsbarkeit	Steuerstrafverfahren
Versicherungsverein	Kostenstellenrechnung
Optimaler Kostenpunkt	Sicherungsübereignung
Beratende Funktionen	Langsames Wachstum
Ursache und Wirkung	Durchschläge machen
Das angelegte Kapital	Eine Anfrage richten
Anweisungen erteilen	Familiengesellschaft
Auf einmal bezahlen	Zur Diskussion stellen

Die Vereinigten Staaten	Anderslautende Berichte
Die Höhe der Kosten	Das angenehme Verhältnis
Anschauliche Beispiele	In einer Dokumentation
Optimale Betriebsgröße	Oberflächlich betrachtet
Bei vollem Lohnausgleich	Nach seinen Schätzungen
Schon früher festgesetzt	Die sofortige Beendigung
Keine Fehler festgestellt	Die Versicherung trägt
Mit freundlichen Grüßen	Wieder von Ihnen hören
Einen Vorschlag eingereicht	Durchführung veranlaßt
Sollzahl unterschritten	Teile pünktlich liefern
In übersichtlicher Form	Technische Abwicklung
Besonders interessant	Bestehende Abmachungen

bevorzugt (1)	zum Kauf entschlossen	erneut abgelehnt (2)
verlustreich (1)	ertragreich (2)	Gewinne steigen
ein Fragezeichen gesetzt	kein Zweifel (1)	man weiß es nicht (2)
meisterhaft (1)	den Kopf verloren (2)	dient als Vorbild
in Gefahr leben	alles in Ordnung (1)	auf der Flucht (2)
viel gewagt (1)	alles verloren (2)	großer Einsatz
eben gewonnen	keine Chance (1)	Glückspilz (2)
enttäuscht (1)	sehr befriedigt (2)	glücklich am Ziel
ein Sortiment gebildet	mischen (1)	Gutes ausgewählt (2)
Verhandlung abgebrochen (1)	Konferenz beendet (2)	Problem gelöst
Beachtung gefunden	nicht interessiert (1)	sehr beachtlich (2)
Gebäude errichtet (1)	Architekt	Pläne gemacht (2)

Lösung: 1 — 2 — 2 — 1 — 2 — 1 — 2 — 2 — 1 — 2 — 2 — 2

Die letzte Zahl ist 34.

Nachtragshaushaltsplan	Bundessozialhilfegesetz
Erweiterungsmaßnahme	Gebietsentwicklungsplan
Entschädigungsleistung	Wirtschaftskontrolldienst
Oberverwaltungsgericht	Personalstandübersicht
Untersuchungsausschuß	Angestelltenvergütungen
Grundstückseigentümer	Trennungsentschädigung
Gewerbesteuerausgleich	Betriebsbeschreibungen
Wasserhaushaltsgesetz	Bebauungsplanänderung
Bundestagsabgeordneter	Aufwandsentschädigung
Landesentwicklungsplan	Flurbereinigungskosten
Orientierungsprogramm	Zinserhöhungsbescheid
Bevölkerungswachstum	Gewerbesteuerausgleich

er riß einige Probleme an

darüber läßt sich streiten

die Weltmarktpreise fallen

Verbindung aufgenommen

das Wesentliche erkannt

die Lieferung abgelehnt

den Betrag überwiesen

das notwendige Material

es stand in der Zeitung

nur ein Bruchteil davon

das ist nicht gut möglich

noch im Versuchsstadium

das ist der Hauptfaktor

die wichtigsten Probleme

den Gedanken aufgegeben

die Forderung beglichen

den Schuldigen gefunden

den Schuldigen gefunden

eine beträchtliche Summe

im Gehirn haften bleiben

die Liste wird vorgelegt

wir erinnern uns daran

ernsthafte Anstrengung

Kontakte aufnehmen mit

Erwerbsunfähigkeitsrente

Einzelunfallversicherung

Generalausnahmeklausel

Betriebsabrechnungsbogen

Postschecküberweisungen

Arbeitslosenversicherung

Wirtschaftsgenossenschaft

Absonderungsberechtigte

Schiffahrtsunternehmungen

Unternehmungsergebnisse

Konsumgenossenschaften

Farbfernsehkundendienst

Ausfuhrhändlervergütung

Versicherungsberechtigte

Familienausgleichskasse

Schwerbeschädigtengesetz

Nachnahmebegleitscheine

Güterkraftverkehrsgesetz

Todesfallversicherungen

Gesellschaftsunternehmung

Erlebensfallversicherung

Wechselvervielfältigungen

Datenverarbeitungssystem

Berufsausbildungswesen

Vietnam-Krise verschärft

Drei Kilometer nordwestlich

Weitere Aussichten erörtert

Wir haben nicht die Absicht

Eine lebhafte Zustimmung

Zeitungen und Zeitschriften

Im wirtschaftlichen Bereich

Man unterscheidet zwischen

Der Besuch des Vertreters

Keine militärische Lösung

Eine günstige Gelegenheit

Fertigmeldung abgegeben

In diesem Zusammenhang

Mittwoch vergangener Woche

Stabilisierung herbeigeführt

Wilson hat versichert, daß

Auf zwei Tage festgesetzt

Vorsichtige Finanzpolitik

Eine vordringliche Aufgabe

Beachtliche Aussagekraft

In seiner Rede wurde betont

Bitte unverzüglich senden

Das Versehen entschuldigen

Vorkommnis entschuldigt

Nach Abschluß der Verhandlung

Das Programm wird fortgesetzt

Die allgemeine Unterstützung

Fortschreitende Technisierung

Nimmt eine Sonderstellung ein

Was als Existenzminimum gilt

Die tatsächliche Entwicklung

Vielen Dank für Ihren Auftrag

Wie hoch ist die Verzinsung

Die Arbeitgeber fordern es

Die Anweisung nicht beachtet

Fälschlicherweise angenommen

Überraschend bekanntgegeben

Lohn-Preiskontrolle erschwert

Der vorherrschende Eindruck

Mittelständischer Kreditnehmer

Die dafür erforderlichen Mittel

Ein amerikanischer Gelehrter

Eine gute Verhandlungsposition

Wir sehen keine Möglichkeit

Zum Ausgleich unserer Rechnung

Industriegewerkschaft Metall

Keine weiteren Zugeständnisse

Als unannehmbar bezeichnet

Amtliches Bekanntmachungsblatt

Für diese Handlung verantwortlich

Der Arbeitgeberverband betrachtet

Einen namhaften Betrag eingespart

Bei der Wahl seiner Entscheidung

Ihrer Aufmerksamkeit entgangen

Es handelt sich um einen Irrtum

Wie Sie noch feststellen werden

Eine Ermäßigung des Zuschlags

Als völlig unannehmbar bezeichnet

Hiervon entfallen acht Millionen

Die sofortige Beendigung beantragt

Konzentrationsübung
Welche Zahl gehört zu den Buchstaben?

Bitte	nicht	rauchen
Zart	wie	Seide
Schreib	mit	Tinte
Sorge	dich	nicht
Er	geht	nicht
Man	sieht	schwarz
links	oder	rechts
drunter	und	drüber
schwarz	mit	weiß
Eis	mit	Sahne
Es	tut	weh

Nach alledem, was wir bereits gehört haben, ist es schon klargeworden, daß beim Lesen das Auge nicht gleichmäßig über die Zeilen gleitet, sondern sie in Sprüngen durchmißt.
Die kleinsten Sprünge werden beim Buchstabieren vollzogen.

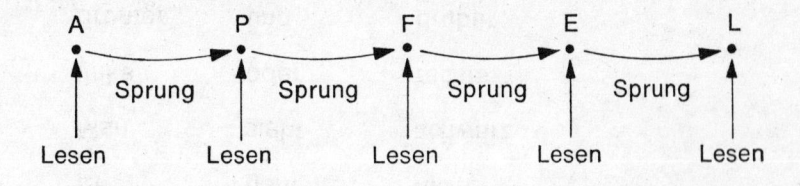

Beim Wort-für-Wort-Lesen springt das Auge von Wort zu Wort, wobei längere Wörter in mehreren Anläufen gelesen werden.

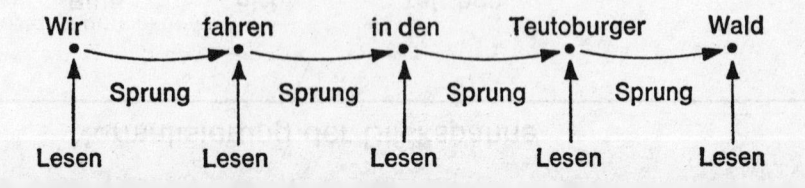

Am größten werden die Augensprünge, wenn
wir in sinnvollen Wortgruppen lesen.

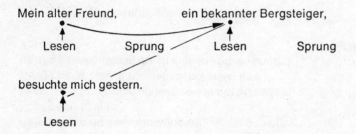

So lesen wir also:

Stopp = Lesen – Sprung – Stopp = Lesen – Sprung – Stopp =
Lesen – Sprung – Stopp = Lesen – Sprung – Stopp = Lesen

Bald werden Sie eine gewöhnliche Buchzeile in
3 Stopps bewältigen, also in rund 1/2 bis
1 Sekunde. Diese hohe Lesegeschwindigkeit
können Sie aber nur erreichen, wenn Sie
folgendes beachten:

Bei der Stopp-Sprung-Stoppbewegung handelt es sich lediglich um eine Bewegung der Augen, nicht etwa um eine Bewegung des Kopfes. Das Auge kann eine Zeile durchmessen, ohne daß der Kopf gedreht wird.

Leser, welche Kopfbewegungen wie ein Schiedsrichter beim Tennis vollziehen, bremsen ihre geistige Leseleistung durch diesen körperlichen Vorgang.

Also keine Kopfbewegungen von links nach rechts!

Sollten Sie dazu neigen, dann stützen Sie Ihren rechten Unterarm mit dem Ellbogen senkrecht auf dem Tisch auf, legen Ihr Kinn in diese Hand und halten es zwischen Daumen, Zeige- und Mittelfinger fest.

Fassen wir zusammen:

1) richtig/falsch — Beim Lesen gleitet das Auge gleichmäßig über Zeilen.

2) richtig/falsch — Das Auge springt von Stopp zu Stopp.

3) richtig/falsch — Gelesen wird beim Sprung.

4) richtig/falsch — Eine Kopfbewegung von links nach rechts erhöht die Lesegeschwindigkeit.

falsch — richtig — falsch — falsch

Wir wollen nun das trainieren, was wir in der vorhergehenden Lehreinheit theoretisch kennengelernt haben.

Bitte gehen Sie in „Augensprüngen" über die Zeilen, wobei die Stopps jeweils bei den einzelnen Buchstaben bzw. Worten sind. Schreiben Sie nebenher die Zahlen, die Sie gelesen haben, in Ziffern auf einen Zettel; jedoch nicht jene Zahlen, vor denen ein „n" steht. Ein „n" macht die folgende Zahl zu einer Null. Schreiben Sie also „0".

Die Zahl 18 (erste Zeile unserer Übungen) darf schon nicht auf Ihrem Zettel stehen, denn ein „n" steht ja davor.

Was steht also an Stelle von 18: ___0___

Bitte versuchen Sie auch, die einzelnen Wörter mit einem Blick zu erfassen.

Sie sehen schon, daß wir in dieser Lehreinheit nicht nur „Augensprünge" üben, sondern auch unsere Konzentrationsfähigkeit trainieren.

Wichtig ist: *Keine Regressionen*

Und denken Sie daran: *Tempo, Tempo, Tempo*
Bitte machen Sie diese Übungen immer wieder, bis es fehlerlos geht!

Lösung: 0

n		achtzehn		o		x		neunzehn	

n   achtzehn   o   x   neunzehn

   n   x   neun   n   zweiundzwanzig

x   dreizehn   o   o   zwölf

   x   achtunddreißig   x   vierundvierzig

o   siebenundachtzig   x   x   vier

x   achtundzwanzig   x   fünfhundertzwanzig

o   neunundneunzig   x   achtundsechzig

x   o   n   zweihundertfünfundfünfzig

o   x   x   vierhundert   o

dreiundachtzig   o   vierunddreißig   o

x   x   zwölf   n   x

vierundsiebzig   x   o   x   dreißig

o   hundertunddrei   x   fünfundneunzig

x   x   n   neunundfünfzig   o

hundertzweiundzwanzig   o   fünfundsechzig

o   o   fünfundsiebzig   x   o

Auf der folgenden Seite beginnen wir mit
Übungen, die sowohl die Blickspanne normalisie-
ren, als auch den Sprung – Lesen – Sprung –
Lesen – Rhythmus trainieren sollen.
Sie gehen, wie die Abbildung zeigt, zunächst mit
3 Stopps über die Zeile. Später durchmessen
Sie dann die Zeile bei breiterer Blickspanne mit
2 Stopps.

Wichtig ist, daß Sie die beiden Eckbuchstaben,
bzw. die beiden Eckziffern oder auch die ganze
Zahl, wie auf Selte 157 mit elnem Blick genau
lesen.
Die Blitzkarte ist hier natürlich nicht mehr
erforderlich!
Bitte diese Übungen öfter wiederholen!
Beachten Sie: Tempo, Tempo, Tempo!

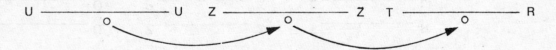

U ——— U	Z ——— Z	T ——— R
O ——— O	P ——— K	L ——— L
C ——— C	H ——— H	N ——— B
M ——— H	H ——— G	T ——— T
E ——— E	Z ——— Z	H ——— G
A ——— A	D ——— S	F ——— F
H ——— H	K ——— K	G ——— F
U ——— U	T ——— T	E ——— R
P ——— P	O ——— O	U ——— Z
R ——— R	Z ——— Z	U ——— U
O ——— O	J ——— J	H ——— G
C ——— F	Z ——— Z	H ——— J

E ———— E	T ———— T	Z ———— H
K ———— K	H ———— H	G ———— F
H ———— D	F ———— F	G ———— G
A ———— A	K ———— O	L ———— H
D ———— P	F ———— G	H ———— T
U ———— U	F ———— H	K ———— J
Z ———— Z	H ———— G	U ———— D
N ———— N	G ———— G	V ———— C
U ———— U	H ———— H	E ———— R
K ———— L	J ———— J	N ———— N
L ———— L	D ———— S	T ———— T
Q ———— Q	U ———— U	Z ———— R

8	8	9	9	3	0
6	7	5	5	4	4
2	3	2	4	5	5
6	6	8	8	7	7
2	3	3	4	4	5
9	9	8	8	7	6
6	6	8	8	5	6
2	2	4	4	5	6
7	8	8	6	9	9
1	1	5	5	4	4
4	4	7	7	8	6
6	6	4	3	5	5

3	4	7	8	7	6	8	9	4
8	7	5	5	3	2	7	4	6
6	5	3	8	4	6	3	5	2
4	7	8	2	4	2	6	9	2
2	4	6	9	7	8	7	5	1
9	4	7	5	4	2	4	9	6
2	6	8	2	4	7	6	8	5
2	4	1	8	2	7	7	5	3
5	7	8	8	4	7	2	7	8
2	5	8	2	9	1	6	1	2
4	9	6	5	2	8	1	7	4
7	2	9	3	5	7	9	4	2

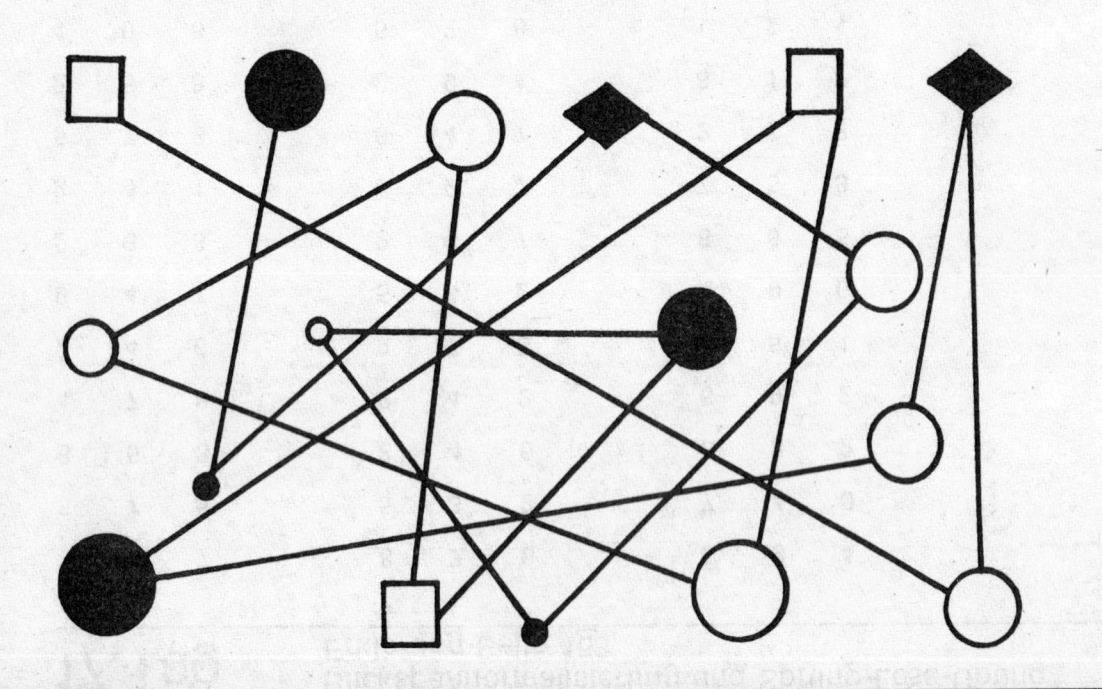

Eile	mit	Weile
Der	dritte	Mann
Wer	fährt	mit
Wo	ist	Peter
Sein	eigener	Schaden
Mit	seinem	Wagen
Ohne	seine	Papiere
Wer	sagt	nein
Alle	singen	mit
Peter	der	Große
Sie	ging	vorbei
Nur	nicht	ärgern

dreihundert	x	einundzwanzig	x
x	siebzig	x	fünftausend	o
achtundsechzig	n	zweiundsiebzig	x
x	neunundzwanzig		x	vierhundert
fünfunddreißig	o	sechzig	x	x
n	siebentausend	x	neunzehn
vierundsiebzig	o	achtunddreißig	x
x	dreiunddreißig	x	hundert
siebenundachtzig	o	einhundertsieben	n
o	zwölftausend	x	fünfzehn
neunundneunzig	n	sechsundsechzig	o
x	neunundzwanzig	x	zwanzig
einundfünfzig	n	siebenhundert	x
o	hundertvierzig	x	dreiundneunzig
hundertfünf	n	sechsundachtzig	o
x	vierunddreißig	n	sechzehn

Konzentrationstraining
Erklärung Seite 67

Die letzte Zahl ist 33.

1	15		4	20	33	2
7	31	17	19	14	6	24
		10				
27		32	22	28		11
26		12	29	30	8	25
				18		
21		23	9	5	13	3
		16				

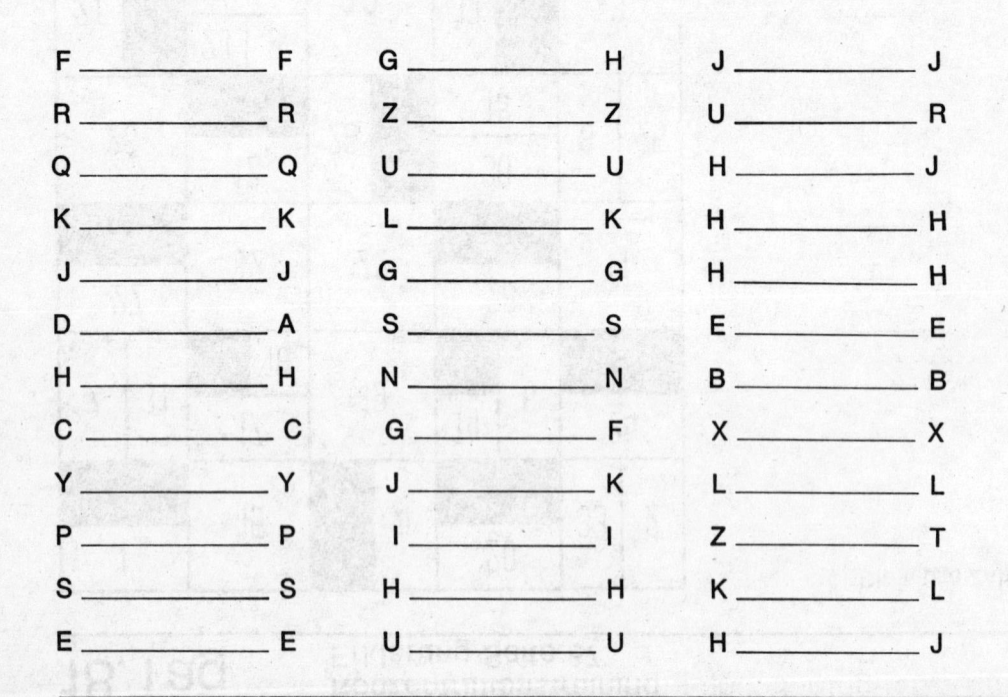

F	F	G	H	J	J
R	R	Z	Z	U	R
Q	Q	U	U	H	J
K	K	L	K	H	H
J	J	G	G	H	H
D	A	S	S	E	E
H	H	N	N	B	B
C	C	G	F	X	X
Y	Y	J	K	L	L
P	P	I	I	Z	T
S	S	H	H	K	L
E	E	U	U	H	J

H ——— H	A ——— A	E ——— E
R ——— T	Z ——— Z	W ——— W
O ——— O	H ——— H	G ——— F
K ——— K	D ——— S	W ——— Z
A ——— A	L ——— L	Z ——— T
O ——— O	G ——— G	F ——— F
K ——— K	G ——— G	H ——— E
Q ——— Z	E ——— O	T ——— Z
E ——— E	Z ——— Z	R ——— R
G ——— G	H ——— H	J ——— K
R ——— R	Z ——— Z	U ——— U
D ——— D	H ——— H	R ——— R

6	6	8	8	5	5
2	2	6	6	7	7
6	6	8	8	7	5
9	1	2	2	6	6
0	0	5	5	3	3
2	2	8	8	7	6
9	9	8	8	7	6
4	4	6	7	8	7
2	3	2	4	4	4
1	1	4	4	3	4
2	3	2	2	5	5
5	5	7	7	8	8

6	7	9	4	7	9	5	7	9
5	2	1	7	0	3	3	1	0
7	2	8	6	8	3	5	0	2
9	2	6	7	2	2	4	5	1
4	5	8	1	0	3	2	7	9
2	4	6	4	6	0	1	5	7
1	5	2	2	5	7	5	7	2
7	9	6	2	5	0	6	8	0
7	8	3	1	1	6	3	5	9
4	1	1	8	8	5	4	7	2
6	7	0	3	6	2	1	2	7
2	0	4	8	0	9	2	0	0

Sie sind schon sehr weit,
bleiben Sie dabei!
Das Ziel ist bei 100 % erreicht,
nicht bei 95 %

Komm	und	iß
Mein	und	dein
Rund	um die	Welt
Der	lange	Weg
Der	steile	Aufstieg
Urlaub	im	Gebirge
Ein	guter	Freund
Der	stille	Don
Ein	guter	Rat
Der	schnelle	Sieg
Das	große	Opfer
Der	blaue	Himmel

zwölftausend   o   n   neununddreißig

o   vierundsiebzig   x   siebzehn

o   x   o   neunhundertachtzig   o

neununddreißig   x   x   zweiundsiebzig

x   o   siebenundachtzig   o   x

dreihundertacht   o   achtundneunzigtausend   o

x   vierzehntausend   o   dreiundneunzig

o   o   n   vierhundertfünfundfünfzig

x   sechzehntausend   o   o   zwei

x   o   x   vierundzwanzigtausend   o

vierundvierzig   n   neununddreißig   x

o   siebenhundertvierundsiebzig   x   x

zweitausendunddreißig   o   achthundertzwölf   x

x   tausend   x   vierhundert   o

achtundneunzig   n   hundertzweiundzwanzig   o

o   dreiundsiebzig   x   vierzig

B	B	E	E	U	U
O	O	R	E	Z	Z
H	H	G	F	D	D
S	S	H	H	E	R
P	R	U	U	E	E
K	K	G	D	Z	U
O	O	T	T	E	E
O	G	F	S	E	K
U	U	E	E	T	Z
U	T	F	H	D	K
E	E	Z	Z	U	R
D	A	A	K	L	H

D ———— D	G ———— G	H ———— H
K ———— G	U ———— U	T ———— Z
E ———— R	O ———— O	P ———— E
G ———— G	H ———— K	H ———— H
K ———— K	G ———— H	R ———— E
O ———— O	G ———— H	F ———— L
H ———— H	U ———— Z	T ———— R
F ———— D	G ———— G	H ———— H
A ———— A	K ———— K	H ———— H
P ———— Ü	Z ———— Z	F ———— F
H ———— H	K ———— K	B ———— B
K ———— K	Ö ———— Ö	D ———— D

% ——— %	3 ——— 3	4 ——— 4
& ——— &	5 ——— 5	6 ——— 7
8 ——— 8	7 ——— 7	9 ——— 4
1 ——— 1	4 ——— 4	3 ——— 5
8 ——— 8	6 ——— 6	5 ——— 4
0 ——— 0	6 ——— 7	0 ——— 2
9 ——— 7	6 ——— 6	4 ——— 4
2 ——— 2	4 ——— 3	6 ——— 6
7 ——— 7	8 ——— 7	9 ——— 8
7 ——— 7	6 ——— 6	5 ——— 5
3 ——— 3	5 ——— 5	4 ——— 4
2 ——— 2	6 ——— 6	8 ——— 7

5 —— 5	6 —— 6	7 —— 8
0 —— 0	1 —— 2	3 —— 4
5 —— 5	8 —— 8	4 —— 3
2 —— 3	5 —— 5	8 —— 8
7 —— 7	5 —— 5	8 —— 8
2 —— 2	5 —— 5	7 —— 8
8 —— 8	6 —— 6	5 —— 5
2 —— 2	4 —— 4	6 —— 6
5 —— 5	7 —— 8	9 —— 9
1 —— 2	4 —— 4	7 —— 7
8 —— 8	5 —— 6	4 —— 4
2 —— 2	6 —— 6	5 —— 5

2	5	6	5	7	9	1	9	2
3	6	9	3	6	2	2	9	5
2	0	3	4	6	1	2	9	4
3	6	2	6	4	8	2	4	7
6	3	1	8	5	2	9	5	2
9	0	2	7	3	9	5	4	0
4	5	2	6	8	0	3	5	1
2	8	4	7	1	0	2	5	2
7	8	9	9	2	0	7	1	2
4	7	7	3	9	0	7	8	8
9	0	9	2	4	5	6	7	2
3	5	7	3	2	6	7	6	8

Welche Zahl gehört zu den Buchstaben?

Er	raucht	viel
Trinkt	deutschen	Wein
Anton	geht	schwimmen
Eßt	mehr	Obst
Holidays	on	Ice
Scheint	die	Sonne
Gehst	du	mit
Viel	zu	wenig
Endlich	alles	gut
Ich	bin	müde
Ob	sie	kommt
Schon	zu	spät

Das Hauptgewicht unserer bisherigen Ausführungen lag auf der Steigerung der Lesegeschwindigkeit. Nun wollen wir uns der zweiten Komponente unserer Arbeit stärker zuwenden, nämlich der Frage, das Gelesene gut aufzunehmen und zu behalten. Nicht jeder Text kann/darf auf die gleiche Weise gelesen werden.
Bei dem einen genügt ein schnelles Überfliegen, bei dem anderen ist zusätzlich ein gewissenhaftes Durcharbeiten notwendig. Bei jenem will man sich z. B. nur kurz informieren, bei diesem gilt es, die Materie gründlich zu studieren. Oft ist ein *Probelesen* notwendig, um entscheiden zu können, ob der Text überhaupt gelesen werden soll. Wozu dient also das Probelesen?

1) _Entscheiden ob der Text gelesen werden soll_

Das Probelesen beginnt mit dem Durchsehen des Inhaltsverzeichnisses. Dieses stellt bei wissenschaftlichen Arbeiten und Fachbüchern eine Disposition, eine Gliederung dar. Wir ersehen aus den einzelnen Hauptgliederungspunkten, welche Schwerpunkte der Autor setzt und wie weit er sein Feld absteckt. Aus den Unterpunkten der Gliederung können wir erkennen, wie tief er in die Materie eindringt.

Beim Probelesen sollen wir mit dem 2) _Inhalts-_ _verzeichnis_ beginnen.
Was zeigt das Inhaltsverzeichnis?

3) _Disposition, Gliederung des Texts_ _Schwerpunkte des Autors_

Lösungen: 1) um festzustellen, ob der Text überhaupt gelesen werden soll; 2) Inhaltsverzeichnis; 3) die Gliederung

Dann wenden wir uns dem *Vorwort* zu. Oft
wird es übersprungen, das ist nicht vernünftig.
Der Autor oder derjenige, der ein besonderes
Geleit schreibt, gibt hier meist wichtige Hinweise,
so z. B. unter welcher Sicht er das Thema
bearbeitet hat.
Schon hier kann die Entscheidung fallen, ob
und wie weitergelesen werden soll.

Nach dem Inhaltsverzeichnis lesen wir also

4) _die Einleitung / das Vorwort_

Worüber gibt es z. B. Auskunft? 5) _Sicht des Themas_

Sehen Sie dann rasch den *Quellennachweis,* das
Verzeichnis der verwendeten Literatur, durch.
Sie können daraus oft sehr deutlich erkennen,
auf welchem Fundament der Autor aufgebaut

hat. Die verwendete Literatur gibt Zeugnis von
seinem Bemühen um Wahrheit, Klarheit, Fundierung und Tiefe.
Nach dem Vorwort wenden wir uns dem

6) _Quellennachweis / Literaturverzeichnis_ zu.

Wovon zeugt das Verzeichnis der verwendeten
Literatur?

7) _Tiefe, Bemühen um Wahrheit_

Lösungen: 4) das Vorwort, 5) aus welcher Sicht der Autor ein
Thema behandelt hat, 6) Quellennachweis, 7) vom Bemühen des
Autors um Wahrheit, Klarheit, Fundierung und Tiefe

Nun kommen wir zu den einzelnen *Kapiteln.*
Lesen Sie zunächst die Überschriften, dann die
ersten und letzten Sätze, denn dort steht meist
das Wichtigste, nämlich Themenstellung und
Ergebnis.
Nach dem Quellenverzeichnis wenden wir uns

den (a) ___Kapiteln___ zu.
Und zwar lesen wir zunächst die

(b) ___Überschriften___,

dann die (c) ___ersten___

und (d) ___letzten___ Sätze. Denn dort steht

meist (e) ___das Wichtigste___,

nämlich (f) ___Fragestellung___ und

(g) ___Ergebnis___

Spätestens jetzt werden Sie entscheiden können,
welche Bedeutung Sie dem betreffenden Text
beimessen müssen, ob Sie weiterlesen sollen
oder nicht.
Gut, Sie haben sich zum Weiterlesen entschlossen.
Zunächst geht es nun darum, den Text schnell
zu durchmessen, den Überblick zu bekommen und
zu behalten. Wichtig ist, nicht in Details hängen-
zubleiben, bei schwierigen Textstellen nicht zu
stoppen, um lange nach Lösungen zu suchen, die
sich oft von selbst in späteren Kapiteln ergeben.

Lösungen: a) einzelnen Kapiteln, b) Überschriften, c) ersten, d)
letzten, e) das Wichtigste, f) Themenstellung, g) Ergebnis

Den Text gehen wir also zunächst (a) _rasch_ _vorbeigeboten_ durch, um einen (b) _Überblick_ zu bekommen.

Beim schnellen Durchlesen geht es darum, das Bild (Bild im weitesten Sinne gemeint), welches der Verfasser mit seinem Text entwirft, in großen, wesentlichen Zügen aufzunehmen. So kommen Sie schnell durch – auch durch ein dickes Buch. Das bringt Ihnen mehr, – denn Sie können schon jetzt urteilen –, als wenn Sie gleich mit intensivem studierenden Lesen beginnen. Denn da besteht die Gefahr, daß Sie sich schon nach den ersten Seiten in einer Masse von Details verfahren, kurz, daß Sie den Mut zum Weiterlesen verlieren.

Durch schnelles informatorisches Durchlesen (auch Diagonallesen) gewinnen wir also einen

(c) _Überblick_ über das Werk und vermeiden es, in (d) _Details_ stecken zu bleiben.

Auch durch schwierige Texte kommen wir schnell durch, denn jeder Text enthält ja viel bekannten Stoff, das Basismaterial, welches als Grundlage der weiterführenden Erörterung verwendet wurde.

Lösungen: a) rasch, b) Überblick, c) Überblick, d) Details

Textstellen, die bekannten Stoff enthalten,
streichen Sie am besten mit einem dünnen
Bleistiftstrich diagonal durch. Unterstreichen
Sie aber einige wenige Schlüsselworte oder
Schlüsselsätze, die es Ihnen später ermöglichen,
mit einem Blick zu erkennen, was im durch-
gestrichenen Text steht.
Nichtdurchgestrichene Textstellen enthalten
demnach das Neue, die Probleme.
Sie müssen jetzt – auf Grund Ihrer beruflichen
Stellung oder Ihres Aufgabenbereiches – entscheiden, ob es Ihnen genügt oder genügen darf,
nur grob über das Neue, über die Problematik
informiert zu sein, oder ob Sie durch studierendes
Lesen tiefer in die Materie eindringen müssen.

achthundert		x		achthundertsiebenundfünfzig		x
	x	x	tausend		o	zwölf
dreiundvierzig		n		neunzig		x
	x	siebenundsiebzig			x	elf
hundertachtundneunzig			o		vierundvierzig	
	x	x	zweihundert		x	neun
zweihundertundsiebenundzwanzig			o		neunhundert	
x		dreiundneunzig		x		siebzehn
einhunderteins		x	fünfundfünfzig		o	
n		fünfundsiebzig		x		zweitausend
sechzig	x		x	sechsundsechzig		x
achthundert		o	sechsundzwanzig			x
zweiundzwanzig		x	x	fünftausend		o
n		dreiundzwanzig		x		sechzehn
dreihundertelf		x		siebzig		x
	o	neunundfünfzig			x	sechzehn

E _____ E   R _____ R

R _____ Z   R _____ R

O _____ O   D _____ R

K _____ K   U _____ U

Z _____ R   Z _____ Z

G _____ G   H _____ H

D _____ F   H _____ R

R _____ D   T _____ T

D _____ G   R _____ Z

F _____ F   T _____ T

D _____ G   G _____ G

U _____ T   T _____ Z

N _____ N		R _____ E	
K _____ K		U _____ U	
R _____ U		H _____ H	
T _____ Z		G _____ G	
P _____ P		O _____ O	
H _____ H		K _____ H	
R _____ R		U _____ G	
F _____ F		Z _____ U	
A _____ D		D _____ D	
K _____ K		P _____ P	
T _____ U		U _____ Z	
H _____ H		G _____ F	

H ——————— H	F ——————— F
G ——————— G	H ——————— H
K ——————— L	P ——————— O
A ——————— A	D ——————— D
G ——————— G	H ——————— H
B ——————— B	H ——————— H
N ——————— N	K ——————— K
F ——————— F	O ——————— O
S ——————— S	F ——————— F
B ——————— B	N ——————— N
R ——————— R	U ——————— U
E ——————— E	R ——————— R

9 _____ 9		8 _____ 8
5 _____ 5		6 _____ 7
3 _____ 3		7 _____ 7
8 _____ 8		6 _____ 6
5 _____ 5		7 _____ 7
2 _____ 2		7 _____ 7
5 _____ 5		9 _____ 0
1 _____ 1		2 _____ 2
5 _____ 0		6 _____ 7
0 _____ 0		8 _____ 8
6 _____ 6		3 _____ 4
2 _____ 3		2 _____ 2

5 ——————— 5			6 ——————— 6	
3 ——————— 4			5 ——————— 6	
8 ——————— 7			9 ——————— 8	
5 ——————— 4			3 ——————— 4	
2 ——————— 2			8 ——————— 8	
5 ——————— 5			7 ——————— 8	
4 ——————— 4			7 ——————— 8	
3 ——————— 4			2 ——————— 2	
1 ——————— 1			2 ——————— 2	
9 ——————— 9			8 ——————— 8	
7 ——————— 7			5 ——————— 6	
3 ——————— 3			5 ——————— 5	

2	4	6		4	6	8
3	5	7		1	9	0
4	3	7		8	5	1
3	4	6		7	1	0
2	6	8		8	8	0
5	8	1		1	2	1
2	0	1		6	7	3
4	8	1		7	3	8
3	8	9		4	4	6
2	7	3		6	8	3
4	6	2		5	7	8
2	9	6		8	5	4

neunhundert   x   x achtundneunzig   x

   o   fünfundzwanzig   x   x   siebzehn

zweitausend   x   o   x   neunundneunzig   x

siebenhundert   x   sechshundertelf   o

dreitausendeinhundert   x   vierhundertvier   o

  x   hundertachtzehn   x   neunzehn   x

dreihundert   o   x   x   fünfundzwanzig   x

  o   neunzehntausend   x   dreizehntausend

  x   neunundneunzig   x   zweitausend   o

achtundsechzig   x   neunzehn   x   x   x

  o   fünfunddreißig   x   fünfzig   x

  x   sechzehntausend   o   achtzehnhundert   o

dreizehn   x   siebenundsiebzig   x   o

vierzig   x   fünfundsechzigtausend   x   x

  o   dreihundert   x   dreiundneunzig

siebenhundertzweiundzwanzig   x   achthundertvierzehn   x

Lösung: 900 — 98 — 25 — 17 — 2000 — 99 — 700 — 611 — 3100 — 404 — 118 — 19 — 300 — 25 — 19000 — 13000 — 99 — 2000 — 68 — 19 —
35 — 50 — 16000 — 1800 — 13 — 77 — 40 — 65000 — 300 — 93 — 722 — 814

Wenn es Ihnen nicht genügt, nur informiert zu sein, wenn Sie die im Text beschriebene Materie beherrschen wollen, müssen Sie studieren, studieren durch Lesen.

Erinnern Sie sich, wir sind beim dritten Durchgang durch den Text.

Welcher war der erste?

(a) _Probelesen_

Und der zweite?

(b) _Diagonallesen_

Gut, wieder zum studierenden Lesen! Diese Art zu lesen ist je nach der Schwierigkeit der Probleme und dem Grad des Vertrautseins des Lesers mit der Materie ein mehr oder weniger langsamer Vorgang.

Hier geht es darum, sich einen Sachverhalt, ein Verfahren oder einen Vorgang zu eigen zu machen. Wie gehen wir dabei vor? Empfehlenswert erscheint es, jetzt jeden Absatz – mit Ausnahme derjenigen, die wir durchgestrichen haben, weil sie Bekanntes enthalten (der gesamte Zusammenhang bleibt trotzdem erhalten, denn die in diesen Absätzen unterstrichenen Kernworte bzw. Kernsätze sagen uns ja, was die weggestrichenen Absätze enthalten), – zu lesen, dann zu stoppen, das Gelesene zu überdenken, das Wesentliche daraus zu erkennen, es mit eigenen Worten zusammenzufassen, sich das einzuprägen und den geprägten Kernsatz niederzuschreiben.

Lassen Sie bei dieser Niederschrift einen breiten

---

a) der erste Schritt war das Probelesen, b) das schnelle informatorische Durchlesen (Diagonallesen)

Rand; dort können Sie kritische Anmerkungen, Ergänzungen u. ä. niederschreiben.

Mancher Studierende bevorzugt für diese Niederschriften lose Blätter. Sie können dann leicht im Zettelkasten aufbewahrt werden.

Dieses Exzerpieren (Auszüge machen) ist lernpsychologisch sehr wichtig. Sie zwingen sich dadurch zum Selbstformulieren, zu einem Selbsterarbeiten. Und ein bewährter Grundsatz der Lernpsychologie lautet: Nur was du dir selbst erarbeitest, wird dein bleibendes Eigentum sein!

Wenn aber das Wesentliche des Absatzes bereits in einem Kernsatz zusammengefaßt ist, können wir – vor allem bei einer nicht zu schwierigen Materie – auf die selbstformulierte Niederschrift verzichten und uns damit begnügen, das Wesentliche rot zu unterstreichen.

So entsteht eine Kurzfassung des Textes, die bei späterem Rekapitulieren gute Dienste leistet.

Bei manchen Texten ist es empfehlenswert, den Text in graphischen Darstellungen zusammenzufassen. So entstehen Organisationsschemata, graphische Arbeitsabläufe, Flußdiagramme, Kurven, etc. Bilder prägen sich erfahrungsgemäß leicht ein.

Gut durchgearbeitete Texte enthalten oft bereits solche Darstellungen. Der Autor erleichtert so wesentlich das Verstehen und Behalten seiner Ausführungen.

R	R		Z	Z
H	H		U	U
K	K		N	N
B	B		H	G
A	A		Q	Q
N	N		B	V
X	X		Ö	Ö
P	P		H	H
G	G		H	F
S	S		R	E
Z	Z		G	G
K	H		J	J
N	N		N	N

A	A	S	S
D	D	F	F
G	G	H	G
K	K	L	L
O	O	P	P
A	A	H	H
X	X	K	K
R	R	E	E
A	A	U	U
F	F	H	H
H	J	K	L
F	F	H	H

5	7	4	8	5	0
3	6	1	7	8	7
4	4	2	6	9	0
8	0	2	7	8	2
5	7	1	7	8	2
8	0	2	7	0	2
4	6	8	8	2	9
3	0	5	6	4	2
2	4	5	6	7	8
2	6	8	6	8	1
2	5	8	9	0	2
5	7	9	2	5	6

Beweis, Oberbegriff, Rechner, Schaltung, Kernspaltung, Richtung,

Denkprozeß, Schlußfolgerung, Speicherstelle, Nutzanwendung,

Werkvertrag, Programm, Wertangabe, Locherin, Herausforderung,

Kleinschreibung, Schaltelement, Multiplikator, Zeichenlochung,

Rechner, Oberbegriff, Freizeitgestaltung, Fernsehgerät, Nutzung,

Programm, Ferienheim, Sozialversicherung, Gerechtigkeit, Wert,

Beleg, Schaltplan, Konsumverzicht, Schlußfolgerung, Leitzahl,

Kennziffer, Schulungsprogramm, Wissenschaftsrat, Schaltelement,

Zielscheibe, Warnlampe, Gleichheitszeichen, Programmsprache,

Zielvorstellung, Wirtschaftsplan, Magnetspeicher, Prüfgerät.

Lösung: siehe nächste Seite!

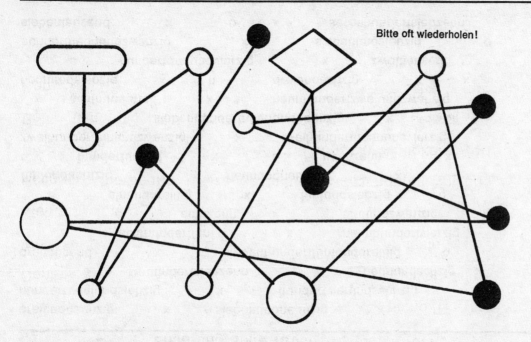

Bitte oft wiederholen!

dreiundneunzig   x   siebenundneunzig   x   n
hundertzweiundsiebzig   x   hundertvierundsechzig
          o   hundertsiebzehn   x   neunundachzig   x
dreitausend   x   siebenhundertfünfunddreißig   o
      n   achthundertfünf   x   neunhundertvierzig
      x   o   achtzehn   x   fünfundzwanzig   x
      n   einunddreißig   x   fünfundsiebzig   o
fünfundachtzig   x   neunundneunzig   x
n   hundertundelf   x   o   neunzehn   x
zweihunderteinundzwanzig   x   dreihundertneunundvierzig
          n   siebenhundertneunundneunzig   x   zwölf
   x   achthundertelf   x   neunhundertzweiundzwanzig   o
neunundsiebzig   x   n   dreiundachtzig   x   x
          o   hundertdreiundvierzig   x   zwölftausend
hundertneunundzwanzig   x   siebenundsiebzig   o
siebentausend   x   o   x   sechshundertsiebzehn

A _____ A

D _____ R

K _____ L

Z _____ Z

S _____ S

K _____ K

R _____ E

P _____ P

K _____ H

B _____ B

S _____ S

T _____ Z

F _____ F

H _____ H

U _____ U

N _____ N

G _____ G

H _____ H

Z _____ Z

O _____ O

U _____ G

D _____ D

K _____ K

R _____ R

T ——————— T		U ——————— U	
J ——————— J		H ——————— H	
A ——————— A		S ——————— S	
X ——————— X		Y ——————— Y	
N ——————— N		H ——————— U	
K ——————— K		G ——————— G	
D ——————— D		K ——————— K	
J ——————— J		G ——————— G	
S ——————— S		U ——————— U	
B ——————— B		N ——————— N	
E ——————— E		O ——————— O	
A ——————— A		H ——————— H	

8	5	6	7	5	6
9	0	7	1	2	4
5	4	6	4	5	1
5	7	2	7	8	0
7	9	2	2	5	6
2	6	6	8	3	4
2	1	5	7	9	0
9	7	1	6	7	1
2	4	6	7	8	2
3	5	7	8	0	1
8	2	5	7	8	2
1	1	2	5	4	0

Schule – Augenarzt – Muster – Wertsendung – Kündigung – Arzt

Inserat – Zeitschrift – Kleintierzucht – Alpenlandschaft –

Marktwert – Kinderchor – Sorgenkind – Hotel – Motorsport –

Alpenglühen – Ziel – Schwiegersohn – Radtour – Inserat – Wolke

Wegweiser – Buchband – Zugführer – Muster – Blumenschau – Rest

Regenschauer – Lehrer – Speisewagen – Sorgenkind – Walzer –

Mietwohnung – Recht – Schuldenberg – Bergwanderung – Tanz –

Alpenglühen – Polizei – Jägerlatein – Suchwaffe – Wellen –

Nordseebad – Kaiserwalzer – Bergführer – Mondlandung – Zwerg

Maler – Siegerehrung – Sprunglauf – Kartenvorverkauf – Tiger

Zeitnahme

*„Einer der größten Trugschlüsse heutiger Betriebs-
leitungen", behauptet Dr. Arthur Witkins,
Professor an der City University of New York
und Präsident der Beratungsfirma Personnel
Psychology Center, „ist die Annahme, daß alle
Arbeitnehmer von den gleichen Dingen motiviert
werden. Jedes Unternehmen sollte als ersten
Schritt erst einmal alle Angestellten in verschiedene Gruppen oder Kategorien aufteilen".
Dr. Witkins hat kürzlich mehr als 50 000 Arbeitnehmer über ihre Einstellung zur Motivierung
befragt und berichtete in Dun's Review über
die teilweise überraschenden Ergebnisse.
Gehälter und regelmäßige Aufbesserungen
beispielsweise motivieren die Angestellten
zweifellos – aber nur bis zu einem gewissen
Punkt. Sobald ein Angestellter ein gutes Ein-
kommen erreicht hat, verlieren Gehaltser-
höhungen zunehmend an Interesse, da ein Groß-
teil der Verbesserung (in den USA wie in der
Bundesrepublik) infolge der Steuerprogression
doch dem Fiskus zugute kommt.
Gratifikationspläne und Gewinnbeteiligungsprogramme sind nur bei leitenden Angestellten
mit hohen Gehältern von Erfolg. Arbeitnehmer
mit niedrigen oder mittleren Gehältern reagieren
kaum darauf, weil sie Geld im Augenblick
nötiger haben.
Soziale Nebenleistungen „ziehen" bei Arbeit-
nehmern so gut wie gar nicht mehr. Obwohl
viele Unternehmen diese Leistungen von Zeit zu
Zeit dramatisieren, nehmen die meisten Angestellten sie als selbstverständlich hin.*

Lösung von der Vorseite: Muster, Inserat, Sorgenkind, Alpenglühen

Anerkennung ist jedoch bei vielen eine beachtliche Triebkraft. Viele Angestellte suchen die einzige Anerkennung in der Höhe des Zahltags, aber andere reagieren auf Titel, Größe ihres Büros oder Ausstattung des Arbeitsplatzes usw. Beförderung, zweifellos eine Art der Anerkennung, kann ein zweischneidiges Schwert sein. Witkins bestätigt, was einige Industriepsychologen schon öfters feststellten: Einige Angestellte wollen nicht befördert werden. Möglicherweise ist dies aus Furcht vor zusätzlicher Verantwortung oder auf Abneigung gegen eine mögliche Versetzung zurückzuführen. „Einige Männer wandten sich direkt an die Betriebsleitungen mit dem Wunsch, man solle sie doch nicht immer mit Beförderungsangeboten belästigen. Jedesmal, wenn sie nein sagen müßten, hätten sie Befürchtungen, daß die Ablehnung ihrer Stellung in der Firma schaden könnte."

Zusammenfassend rät Witkins, daß die treibenden Kräfte für verschiedene Menschen verschieden sind, und daß Betriebsleitungen dies gebührend berücksichtigen sollten. „Wenn Sie jemandem Anerkennung zollen wollen, dann sollten Sie herausfinden, was dem Betreffenden am liebsten ist, anstatt zu glauben, Sie wüßten es schon besser."

Ende: Zeitnahme!

Dieser Test umfaßt 336 Wörter.

Ihre Lesezeit beträgt _124_ Sekunden. Das entspricht _180_ WPM.

Aus: International Business Digest, April 1969

1. Wie könnte dieser Artikel überschrieben sein:
   a) Neue betriebswirtschaftliche Erkenntnisse in US-Betrieben
   b) Personalleiter vor neuen Aufgaben
   c) Was motiviert moderne Menschen

2. Was bezeichnet der Autor als einen der größten Trugschlüsse heutiger Betriebsleitungen:

   Sie wüssten was ihre Angestellten motiviert

3. Welche Motivationswirkung haben hohe Gehälter und regelmäßige Aufbesserungen:

   motiviert bis zu einer bestimmten Gehaltstufe

4. Warum ist das so:

   kommt auch Steuern dem Fiskus zu gut

5. Welche Motivationswirkung haben Gratifikationspläne und Gewinnbeteiligungsprogramme
   a) auf leitende Angestellte:

   mittlere Motivationswirkung

   b) auf Arbeitnehmer mit niedrigen und mittleren Gehältern:

   keine Motivationswirkung

6. Welche Motivationswirkung haben soziale
   Nebenleistungen:

   keine

7. Warum ist das so:

   *Sie werden als selbst-
   verständlich angesehen*

8. Was schreibt der Autor über die Motivationswirkung der Anerkennung:

   *unterschiedl. große
   Motivationswirkung*

9. Wie beurteilt der Autor die Wirkung
   einer Beförderung:

   unterschiedl.

10. Was rät der Autor zusammenfassend:

   *Nicht glauben zu wissen
   was der A. n. motiviert. Herausfinden was der A. n. am liebsten mag.*

Bitte überprüfen Sie die Richtigkeit Ihrer
Antworten durch nochmaliges Überlesen des
Textes. Jede richtige Antwort bringt 10 Punkte.
Die Antworten zu 5 a und 5 b jeweils 5 Punkte.
Sie können also insgesamt 100 Punkte erreichen.

Bewertung:

100 – 90 Punkte:	sehr gut
85 – 70 Punkte:	gut
65 – 50 Punkte:	befriedigend

V _____	V	H _____	H
O _____	U	K _____	K
G _____	D	F _____	H
D _____	D	U _____	U
K _____	H	A _____	A
R _____	R	E _____	A
Z _____	Z	H _____	U
F _____	F	H _____	H
V _____	B	N _____	F
S _____	S	H _____	G
R _____	T	R _____	R
Z _____	Z	G _____	G

F	F	G	G
H	H	K	K
D	D	K	H
T	T	Z	Z
X	X	Y	Y
V	X	N	N
K	K	L	L
O	O	G	G
H	G	K	K
A	A	K	O
H	H	K	D
A	D	F	F

4	7	8		5	7	8
5	7	4		5	1	2
6	4	2		7	9	0
5	1	2		6	0	1
2	0	2		4	6	2
2	4	0		7	1	9
3	5	5		4	7	9
1	3	5		7	8	2
2	9	3		2	6	7
2	7	9		2	5	7
9	0	1		6	3	4
2	7	9		2	5	7

Märchen — Schulzeit — Schuster — Schuh — Gartenpflege — Pfeffer

Jäger — Hausball — Sänger — Tanzveranstaltung — Niederlassung

Konferenz — Evelyn — Schuh — Gesang — Vorhang — Zahnpflege —

Skistiefel — Sommerzeit — Opernabend — Milchpulver — Fernseher

Operette — Kleinkind — Weinlokal — Künstlerfest — Lageplan —

Gesang — Himmelbett — Ballnacht — Reisepläne — Fernsehgerät —

Meer — Schmetterling — Hausball — Wolkenmeer — Zeitschrift —

Zeitung — Nacht — Opernabend — Norditalien — Zauberkünstler —

Nordnorwegen — Sorge — Reiselust — Fernweh — Schlagerfestival

Buchhandel — Furcht — Norden — Plattenspieler — Herbstlaub —

Nahrungsmittel — Hüttenzauber — Nachtdienst — Forschungsarbeit

Lösung: siehe nächste Seite!

Zeitnahme

Wann ist Werbung wirklich wirksam?

Ein Inserat in einer Zeitung oder Zeitschrift wird von durchschnittlich 31 Prozent der Leser wahrgenommen, wenn es auf zwei verschiedenen Seiten der Veröffentlichung erscheint. Wird es auf nur einer Seite veröffentlicht, so wird es von 20 Prozent der Leserschaft gelesen. Eine halbseitige Annonce dagegen wird nur von 10 Prozent wahrgenommen. Diese Einzelheiten, berichtet Splitter, entstammen einer kürzlichen Überprüfung des Problems, welches Inseratenformat am wirtschaftlichsten und wirkungsvollsten ist. Eine andere, eng damit verknüpfte Frage betrifft die Häufigkeit der Inseratenwerbung.

Lösung von der Vorseite: Schuh, Gesang, Hausball, Opernabend

Das Mittel der Wiederholung wird deshalb verwendet, weil es gestattet, die Wahrnehmungsfähigkeit und das Erinnerungsvermögen des Menschen zu fördern. Das Produkt wird durch wiederholte Werbung bekannter; seine Erscheinungsform näher erfaßt. In der Tat konnte man feststellen, daß der Prozentsatz der Leser, die eine Anzeige zurückbehalten hatten, innerhalb eines Monates von 55 Prozent auf 8 Prozent heruntersank. Alle durchgeführten Untersuchungen stimmen im Ergebnis überein, daß bei einem zweiten Erscheinen des Inserates der Erfolg der Werbung um ungefähr 50 Prozent verbessert wird und daß diese Zahl nur durch häufiges Erscheinen der Anzeige erheblich verbessert werden kann.

Bei Veröffentlichung von 12 Werbeseiten und mehr pro Jahr liegt die Zahl der Leser um

25 Prozent höher als bei sechsmaliger Publikation.

Infolge dieser Zunahme der Leserzahl sinken die auf den einzelnen entfallenden Kosten proportional, das heißt auf 75 Prozent. Auch von der Veröffentlichung eines Inserates auf zwölf halben Seiten kann man sich mehr Erfolg versprechen als von derjenigen auf sechs ganzen Seiten, weil dann die Wahrscheinlichkeit für die Wahrnehmung infolge der zahlreicheren Wiederholung steigt.

Es stellt sich daher die Frage, welche Anzahl von Wiederholungen pro Jahr am meisten erfolgversprechend ist. Dies hängt wiederum von mehreren Faktoren ab (angebotenes Produkt, bereits erfolgte Einführung desselben, Verteilung auf dem Markt, Werbung im Verkauf, Konkurrenz usw.). Eine im Jahre 1952 von Tide

durchgeführte Erhebung zeigte indessen, daß die besten Ergebnisse (bestes Verhältnis zwischen erzieltem Erfolg und Kosten für die Werbung) bei alternierender Veröffentlichung in Wochenschriften erzielt wurden, während bei Monatsschriften oder Tageszeitungen Unterbrüche nicht angezeigt waren. Dieses Resultat gilt für die Werbung auf dem Gebiete der Verbrauchsgüter; für dauerhafte Produkte reduzierten sich die Werte um die Hälfte.

Nachdem nun feststeht, daß eine einzige Veröffentlichung des Inserates im allgemeinen keinen bleibenden Eindruck auf den Leser verursacht, muß festgehalten werden, daß es zu dieser „Regel" zwei Ausnahmen gibt: in formaler oder graphischer Hinsicht außergewöhnlich gestaltete Inserate hinterlassen auch bei einmaligem Erscheinen einen relativ lange dauernden Eindruck.

Jedoch nimmt das Erinnerungsvermögen des Lesers eher zu, wenn das Hauptgewicht in erster Linie auf die Wiederholung und nicht auf den durch die Darstellung hinterlassenen Eindruck gelegt wird. Man stellt sogar fest, daß nach viermaliger Veröffentlichung die Hälfte der mutmaßlichen Leserschaft zum mindesten einen Eindruck vom Inserat als Ganzes zurückbehält. Diese Zahl ist doppelt so hoch als diejenige bei einmaliger Veröffentlichung.

Die wiederholte Veröffentlichung einer Grundidee verspricht am meisten Erfolg, wenn der ursprüngliche Text abgeändert wird. Eine andere Wirkung der Wiederholung scheint darin zu bestehen, daß sich der Leser des Inserates ein Bild über die Qualität des angebotenen Artikels macht. Die Wiederholung übt also gewissermaßen einen günstigen Einfluß auf den Glauben an die Argumente der Werbung aus oder erhöht die Aufnahmebereitschaft der Leser für das Produkt. Anders ausgedrückt, vermindert sie die psychologisch erklärbare Widerstandskraft des Lesers, den Artikel nicht zu kaufen. Demzufolge könnte man sich über die moralischen Aspekte der hier behandelten Frage streiten. . .

Obschon bis jetzt von mehr oder weniger direktem Einfluß der wiederholten Werbung auf die potentielle Kundschaft die Rede war, muß selbstverständlich auch das viel aufschlußreichere Resultat ihres Einflusses auf die tatsächlich eintretenden Verkäufe in Betracht gezogen werden. Es ist klar, daß die Verkäufe zunehmen, wenn infolge der wiederholten Veröffentlichung eines Inserates sowohl die Kenntnis der Marke als auch die Kauflust für das Produkt gesteigert werden. In welchem Ausmaß werden die Ver-

käufe jedoch anwachsen? Im Jahre 1962 zeigte eine Gegenüberstellung von Werbung und Verkauf, daß der Absatz bekannter Produkte dank eines Werbefeldzuges, der 13 Inserate innerhalb des Jahres umfaßte, um 6,8 Prozent zunahm. Acht Inserate ließen den Umsatz um 5,5 Prozent ansteigen, während diese Zahl bei fünf Veröffentlichungen auf 1,2 Prozent sank. Auch wenn bei gänzlichem Wegfall der Werbung der Umsatz um 6 Prozent sank, konnte ein einziges Inserat diesen Rückgang nicht aufheben: er betrug noch 3,7 Prozent. Einer anderen Studie ist zu entnehmen, daß die wirkungsvollste Werbung (die auf jeden neuen Kunden entfallenden Kosten sind hier am niedrigsten) dann erzielt wird, wenn der Werbefeldzug mindestens 15 Inserate umfaßt. Gemäß der gleichen Studie geht einem Werbefeldzug von drei oder vier

Inseraten die Wirksamkeit ab. Der ideale Werbefeldzug würde sich wie folgt gestalten:

1. Ein wöchentliches Inserat während eines Monates;

2. ein Inserat alle 14 Tage während zwei Monaten;

3. danach monatliche Inserate.

Die Ergebnisse, auf die wir uns stützen, stammen aus den USA. Es steht aber fest, daß die Grundsätze, die sich daraus ableiten lassen, ebenfalls für unsere Wirtschaft Gültigkeit besitzen. Sie können deshalb herangezogen werden, wenn Betrachtungen angestellt und Richtlinien erlassen werden sollen.

Ende: Zeitnahme!

Dieser Lesetest umfaßt 857 Wörter.

Ihre Lesezeit betrug _309_ Sek.

Das entspricht _166_ WPM.
Bitte stellen Sie nun selbst die Auswertungsfragen und beantworten Sie diese.

Mit freundlicher Genehmigung des Verlags entnommen aus: International Business Digest, April 1969

F	F	H	H
K	U	O	U
F	G	D	D
A	A	K	K
G	H	K	K
D	A	N	U
H	H	X	X
A	A	G	G
E	E	T	T
F	F	A	A
Q	Q	Z	R
E	R	R	R

W ———————— W		R ———————— R	
A ———————— A		D ———————— D	
W ———————— R		E ———————— E	
S ———————— S		G ———————— G	
O ———————— O		H ———————— H	
A ———————— S		F ———————— F	
K ———————— K		U ———————— U	
G ———————— G		D ———————— D	
S ———————— S		H ———————— H	
D ———————— F		Z ———————— Z	
P ———————— O		U ———————— U	
D ———————— D		G ———————— G	

6	8	1	4	1	0
3	5	8	2	4	7
2	1	0	4	7	1
7	9	8	5	3	9
7	4	7	8	6	6
3	5	2	5	7	2
8	8	2	9	4	1
7	5	4	2	7	5
9	6	3	2	8	6
5	9	0	1	0	2
2	0	1	5	8	3
2	9	8	3	2	6

Zeitnahme

Brainstorming [1]

Brainstorming ist in der neuen Welt ein selbstverständlicher Begriff, bei uns in Deutschland jedoch immer noch fast unbekannt. Wir verdanken dieses System dem amerikanischen Werbeexperten Alex F. Osborn, der es in seinem Buch „Applied Imagination" beschreibt. Das Wort ist nicht leicht zu übersetzen. Man hat es mit „Gehirnsturm" oder „Ideenwirbel" versucht. Der Begriff Brainstorming ist jedoch inzwischen in den deutschen Sprachschatz eingegangen. Eine moderne Brainstorming-Konferenz ist weiter nichts als eine schöpferische Konferenz mit dem einen Zweck, eine Liste von Ideen zu produzieren, welche zur Lösung eines Problemes führen können. Diese Ideen müssen dann später bewertet, ausgewählt und weiterbehandelt werden.

Das Kennzeichen einer wahren Brainstorming-Konferenz ist die Tatsache, daß jedes kritischwertende Denken ausgeschlossen wird. Brainstorming ist nicht ein kompletter Prozeß für Problemlösen; es ist vielmehr nur ein Teil des Ideenfindungsprozesses; und der Ideenfindungsprozeß ist wiederum nur ein Teil des Prozesses für schöpferisches Problemelösen.

Der wirkliche Wert des Brainstormings liegt in der Tatsache, daß in einer richtig geführten Brainstorminggruppe viel mehr neue Ideen

---

[1] Vgl. hierzu: Alex F. Osborn: Applied Imagination. Charles Scribner's Sons, New York. Weitere Anregungen gibt die umfassende Arbeit von Charles H. Clark: Brainstorming. Verlag moderne Industrie.

produziert werden können, als in einer konventionellen Konferenz – und dies noch dazu in wesentlich kürzerer Zeit.

Konferenzen des bisherigen Typs sind in der Regel nicht schöpferisch. Meist ist es doch so, daß in klassischen Konferenzen viel mehr Zeit dazu verwendet wird, in harten Debatten eine neue Idee kritisch zu werten, als zunächst einmal die Hauptaufgabe darin zu sehen, Ideen zu produzieren. Eine Brainstorming-Konferenz widmet sich dagegen einzig und allein dem schöpferischen Denken.

Osborn hat rechtzeitig erkannt, daß man Ideen forcieren kann und daß man es sich nicht leisten darf, es nur wenigen zu überlassen, gute Einfälle zu haben und daß es einfach nicht angeht, die schöpferische Kapazität aller anderen Mitarbeiter brachliegen zu lassen oder sie nur mehr oder weniger zufällig zu nutzen. Daraus ergibt sich die Notwendigkeit, möglichst viele Mitarbeiter eines Betriebes, Soldaten der Armee, Schüler der Schulen, Studenten der Universitäten, Mitglieder von kulturellen und kirchlichen Vereinen zu schulen, um es ihnen zu ermöglichen, Ideen zu fest umrissenen Problemen zu produzieren.

Osborn wurde in erster Linie zu seinem System angeregt, weil er feststellte, daß viele Sitzungen der althergebrachten Art nahezu ergebnislos verliefen.

Einer meiner Bekannten, führende Kraft in einem großen Unternehmen, flog zu einer Arbeitssitzung mit anderen Repräsentanten seines Unternehmens nach Berlin. Eine Gruppe hochbezahlter Persönlichkeiten aus allen Teilen der Bundesrepublik kam dort zusammen, um ein organisatorisches Problem abzuhandeln. Auf meine Frage nach dem Ergebnis folgte eine wegwerfende Geste, die aussagte, daß das Ergebnis – trotz Verhandelns bis zum Umfallen – nahezu Null war.

Warum sind Besprechungen der traditionellen Art oft so wenig erfolgreich? Nur die wichtigsten Gründe seien hier aufgezählt:

Weil in den meisten Besprechungen mehr Zeit darauf verwendet wird, Ideen zu kritisieren, zu zerrupfen oder zu verteidigen, als neue Ideen zu finden;

weil viele Besprechungsteilnehmer ihre ganze Kraft einsetzen, ihre vorgefaßte Meinung während der Sitzung durchzudrücken, und nichts Neues mehr aufnehmen wollen;

weil besonders sensible Denker – und das sind häufig die tiefsinnigsten – lieber eine kühne Idee nicht äußern, um zu vermeiden, von Voreiligen lächerlich gemacht zu werden, dies vor allem dann, wenn Vorgesetzte an der Sitzung teilnehmen, die ein gewichtiges Wort bei der nächsten Beförderung oder Lohnerhöhung mitzusprechen haben;

weil die sogenannten alten Experten es nicht über das Herz bringen können, Ideen eines Außenseiters anzunehmen;

weil man sich oft aus Bequemlichkeit vorschnell mit der erstbesten Idee zufriedengibt und nicht gewillt ist, mehr zu denken, tiefer zu graben;

weil man Ideen von Vorgesetzten aus falschem Respekt oder schäbigem Kalkül, oft einfach aus Liebedienerei akzeptiert und sie als non plus ultra hinstellt;

weil man oft einfach Angst vor dem Neuen hat,
weil ja auch noch das Alte noch recht gut geht,
weil man ja nicht weiß, was aus dem Neuen
herauskommt;

weil man sich scheut, die Ideen eines anderen
aufzunehmen, sie weiterzuentwickeln und zu
verbessern, um nicht selbst als ideenlos
dazustehen;

weil man – und das scheint mir besonders
wichtig zu sein – in den Sitzungen nicht trennt
zwischen den Stufen der Ideensuche und der
Stufe der Ideenwertung, und so Ideen oft schon
zerredet hat, bevor sie noch richtig geäußert
wurden.

Brainstorming-Konferenzen bringen mehr und bessere Ideen; warum ist das so?

Diese Tatsache ist unumstritten. Sie wird täglich
in Groß-, Mittel- und auch Kleinbetrieben
in Amerika bewiesen. Für die positiven Ergebnisse bei Brainstorming-Konferenzen gibt es
eine Reihe von Gründen. Die Kraft der Asso-
ziation hat eine doppelseitige Wirkung. Wenn
ein Mitglied einer Brainstorming-Konferenz
eine Idee äußert, dann verursacht diese Idee in
den Gehirnen der anderen Teilnehmer neue
Ideen. Sie löst also eine Kettenreaktion aus. Der
Funke einer Idee zündet andere Ideen.
Ein weiterer Grund für die Produktivität von
Brainstorming-Sitzungen ist der sogenannte
soziale Faktor. Durch wissenschaftliche Experi-

mente wurde bewiesen, daß der Mensch, der in Gruppen arbeitet, eine 65 bis 95 % höhere schöpferische Aktivität entwickelt als ein allein auf sich gestellter.

Ein dritter Grund (für erhöhte Produktivität) ist die stimulierende Wirkung des Wettbewerbs. Wiederum wurde durch wissenschaftliche Experimente bewiesen, daß die gesunde Rivalität, die in Gruppen herrscht, die geistig-schöpferische Kraft des Menschen um rund 50 % erhöht. Eine weitere günstige Wirkung geht von der Ermutigung aus, die die Konferenzteilnehmer finden, wenn sie ihre Ideen äußern können, ohne befürchten zu müssen, daß nicht sofort kritische Entgegnungen folgen, die das Ideengebäude wieder zerstören. Vielmehr wird jede neue Idee notiert und das bedeutet ein Lob. Diese Belobigung ermutigt den Teilnehmer zu neuen Ideen. Vorzeitige Kritik hingegen entmutigt.

Die Regeln des Brainstormings

Um die bereits genannten Ursachen für den Mißerfolg traditioneller Verhandlungen zu beseitigen, verlangt Osborn, bei Brainstorming-sitzungen die hier frei übersetzten Grundsätze einzuhalten:

1. Kritik ist verboten. Sie kommt erst später an die Reihe
2. Je ungestümer eine Idee, desto besser
3. Jede Idee wird begrüßt
4. Die Ideen anderer aufnehmen und weiterentwickeln.

Grundsatz Nr. 1:
Kritik ist verboten

Wir haben schon erkannt, daß es notwendig ist, zwischen zwei Grundtypen von Sitzungen zu unterscheiden, nämlich zwischen dem der Ideen-gewinnung und dem der Ideenbewertung. Nichts hemmt den Ideenflug mehr, als eine vorzeitige negative Kritik. Der schöpferisch denkende Mensch muß sich bei seiner Arbeit in einer Stimmung der Begeisterung befinden, er muß schwärmen können, nichts darf ihn einengen, keine Furcht vor „Heckenschützen" darf vorhanden sein. Diese, gelinde gesagt, oft gelockerte Stimmung bringt den Brainstorming-Gruppen gelegentlich die Bezeichnung Spinner-Team ein.

Grundsatz Nr. 2:
Je ungestümer eine Idee, desto besser

Diese Forderung will vor allem die ganz besonders kühnen Denker zu phantasievollen Höhenflügen anregen. Sie sollen nicht fürchten müssen, daß sie durch eine unqualifizierte Äußerung allzu rauh auf den Boden der Wirklichkeit zurückgeholt werden. Dies ist um so wichtiger, weil die Praxis schon oft gezeigt hat, daß eine kühne, weil in die Zukunft vorausgezielte Idee durch ein Zurückholen in den praktikablen Raum schon oft zu ausgezeichneten Ergebnissen führte.

Grundsatz Nr. 3:
Jede Idee wird begrüßt

Mit dieser Grundregel möchte man die Mitglieder der Brainstorming-Sitzung entspannen, enthemmen. Sie soll zu einem quantitativen Denken anregen, man will ganz einfach viele Ideen haben, je mehr, um so besser. Dies einmal aus der ganz simplen Erwägung heraus, daß es doch zweifellos leichter ist, aus einem großen Ideenangebot die brauchbaren Ideen auszusondern, als neue zu produzieren, und zum anderen, weil jede geäußerte Idee ein anderes Brainstorming-Mitglied zu einer noch besseren Idee inspirieren kann. Es ist nicht notwendig, daß nur fertige, wohlgeformte Ideen geäußert werden. Ideenbruchstücke, Wort für Wort, praktisch laut gedacht geäußert, können Angelpunkte sein für weitere Gedanken, Mittel für eine assoziative Ideengewinnung.

Grundsatz Nr. 4:
Die Ideen anderer aufnehmen und weiterentwickeln

Brainstorming ist in erster Linie Teamwork. Jeder ist am Gelingen mitverantwortlich. Alle Ideen sind gemeinsames Produkt. Daher ist es wichtig, daß (geäußerte) Ideen von anderen gegebenenfalls aufgegriffen und weiterentwickelt werden. Durch diesen Grundsatz soll vor allem die assoziative Ideengewinnung („Das bringt mich auf folgende Idee...") angeregt und gefördert werden.

Wer sollte an einer Brainstorming-Sitzung teilnehmen?

Vor allem sollten es phantasiebegabte, denkfreudige Menschen sein, die es in allen Bereichen des Lebens gibt. Die schulische Vorbildung spielt dabei also nicht die erste Rolle. Alle Teilnehmer sollten aber einen kurzen Einführungskurs über Sinn und Zweck des Brainstormings absolviert haben.

Die optimale Teilnehmerzahl liegt zwischen 8 und 12, wobei man ganz besonders darauf achten sollte, daß nicht nur Experten für das zu lösende Problem eingeladen werden, sondern auch Mitarbeiter, die mit dem Problem nichts zu tun haben, die also unbeschwert und ohne jede Problemblindheit an die Arbeit gehen können. Die Teilnahme an einer solchen Sitzung sollte

Wann und wo sollten Brainstorming-Sitzungen stattfinden?

Die Erfahrung hat gezeigt, daß eine Sitzung weder zu früh noch zu spät während eines Arbeitstages stattfinden sollte. Die Teilnehmer sollten einesteils schon „etwas warmgelaufen", andererseits aber noch nicht allzu sehr mit anderen Problemen belastet sein. Eine günstige Zeit ist von 11.00 bis 11.45 Uhr. Jawohl, bis

auf gar keinen Fall zur Pflicht gemacht werden. Jeder sollte darauf hingewiesen werden, daß er eine Einladung ohne jeden Schaden für sich ablehnen kann. Wesentlich ist, daß möglichst nur Leute mit gleichem oder ähnlichem Rang teilnehmen, denn nicht jeder ist frei genug, Ideen in der Gegenwart seines Vorgesetzten unbeschwert zu äußern.

11.45 Uhr, denn 45 Minuten ist die optimale Dauer. Was bis dorthin an Ideen nicht gekommen ist, kommt erfahrungsgemäß in dieser Sitzung nicht mehr.

Zur Frage des Ortes: Am besten geeignet ist ein intimer, nicht allzu großer, ruhiger Sitzungsraum, ein Raum, modern und zweckmäßig möbliert, ohne jede strenge Atmosphäre, so daß eine entspannte Arbeitsstimmung leicht aufkommen kann.

Welche Vorbereitungen sind notwendig?

Von den allgemeinen organisatorischen Aufgaben, wie Raumreservierung usw. wollen wir hier absehen. Wesentlich ist, daß die Teilnehmer dem Problem entsprechend gut ausgewählt und mit einer freundlichen Einladung mindestens zwei Tage vorher zur Sitzung gebeten werden. Diese Einladung sollte das genau präzisierte Problem mit seinen wesentlichen Fakten enthalten. So kann sich der ausgewählte Teilnehmer bereits vorher Gedanken machen. Keinesfalls sollte es aber so sein, daß der Teilnehmer bereits mit schriftlich formulierten und präzisierten Ideen und Vorhaben bei der Sitzung auftaucht. Die vorbereiteten Arbeiten für eine Sitzung liegen in der Hand des Leiters der Brainstorming-Gruppe. Diese Leiter sollten durch besondere Kurse auf ihre verantwortungsvolle Aufgabe vorbereitet werden.

Wie läuft nun eine Brainstorming-Sitzung ab?

Sie wird vom Leiter eröffnet, der zunächst noch einmal die vier Grundregeln des Brainstormings bekanntgibt. Zweckmäßig ist es auch, daß diese Grundregeln im Raum für jedermann sichtbar angebracht sind als Ansporn und Mahnung zugleich. Dann umreißt er nochmals kurz das Problem. Dies kann auch, bei schwierigeren Problemen, durch einen Experten geschehen. Er gibt dann das Startzeichen für den Ideenfluß. Clark empfiehlt, daß die Ideen von zwei Stenographen festgehalten werden, die so, wie aus der Skizze ersichtlich, in der Sitzordnung eingereiht werden sollten.

Jeder Stenograph nimmt dabei die Ideen der ihm gegenübersitzenden Teilnehmer auf.

Leiter der Sitzung

Stenograph

Tonband und Diktiergerät haben sich nicht besonders bewährt. Die Aufnahmen sind immer dann unbrauchbar, wenn mehrere Teilnehmer in der Hitze des Gefechts gleichzeitig sprechen. Auch bei der Stenoaufnahme muß der Leiter in solchen Situationen mit freundlichen Worten um Mäßigung bitten. Dies aber auch, wenn sich ein Teilnehmer zum Dauerredner macht. Auf der anderen Seite muß er auch bei übermäßig langen Ruheperioden eingreifen. Schon in der Einleitung ist es zweckmäßig, darauf hinzuweisen, daß es nicht möglich ist, daß die Ideen in gleichmäßigem Flusse strömen, daß es vielmehr normal ist, da den Perioden der Ideenausgabe Perioden des Nachdenkens folgen. Längere Pausen können allerdings der Sitzung einen schläfrigen Charakter geben. Der Leiter muß ein Gespür dafür haben, wann es an der Zeit ist, einzugreifen. Zu diesem Zwecke muß er selbst immer eigene Ideen bereithaben, die er dann mit der Absicht äußert, einen neuen Ideenfluß in Gang zu bringen.

Was geschieht nachher?

Sicher ist es Ihnen auch schon so gegangen, daß die besten Ideen nachher kamen. Das hängt damit zusammen, daß im Gehirn durch die vielen Gedanken, die von Ihnen und anderen geäußert wurden, Gedanken assoziiert wurden, die erst später ausgabebereit sind. Man setzt also vor Beendigung der Sitzung eine Inkubationszeit (z. B. bis übermorgen, 12.00 Uhr) fest, während der noch Ideen schriftlich oder mündlich bei einer bestimmten Stelle eingereicht werden können. Dann erst werden die Ideen in Gruppen geordnet und einem Team zur Bewertung übergeben. Brainstorming ist also mit der Abgabe der letzten Idee beendet. Die Erfahrung hat gezeigt, daß pro Sitzung 80 bis 120 Ideen geäußert werden, von denen im Schnitt 10 % brauchbar sind.

*Brainstorming hat nichts zu tun mit Ideen-
wertung und mit ihrer praktischen Durchführung.
Vom Brainstorming können also keine Problem-
lösungen erwartet werden, nur Ideen zu Problemen. Das ist wichtig festzustellen, denn
irrtümliche Anschauungen darüber haben das
Brainstorming in Mißkredit gebracht, weil man
von ihm Dinge erwartet hat, die gar nicht zu
seinen Aufgaben gehören.
Werden Ideen aus der Brainstorming-Sitzung
verwirklicht, so ist es zweckmäßig, dies den
Teilnehmern der betreffenden Sitzung mitzu-
teilen und ihnen nochmals besonders zu danken.*

Was läßt sich generell zum Brainstorming sagen?

*Brainstorming hat sich – vorerst allerdings nur
in Amerika – bewährt. Seine großen Vorteile
liegen darin, daß Kräfte aktiviert werden, die
bisher nicht an die Oberfläche drangen. Viele
Mitarbeiter sind immer wieder erstaunt, zu welchen
Leistungen sie fähig sind, wenn sie erst einmal
begonnen haben, intensiv nachzudenken und ihre
Gedanken ohne Hemmungen zu äußern. Brainstorming ist also auch ein seelischer Motor mit
großer PS-Zahl. Die Leute werden glücklicher,
weil sie Erfolg verspüren, und sind bereit, in
einem Maße mitzuarbeiten, das früher unbekannt
war. Sie müssen spüren: Meine Ideen sind
willkommen, ich kann sie ungehemmt äußern,
sie werden wohlwollend aufgenommen.*

Ende: Zeitnahme!

Dieser Lesetext umfaßt 1980 Wörter.

Ihre Lesezeit betrug _____ Minuten. Das ent-

spricht einer Lesegeschwindigkeit von _____ WPM.
Überdenken Sie nun dieses Kapitel und stellen
Sie selbst Kontrollfragen. Schriftlich wollen wir
diesen Schnellesetest erst morgen auswerten.

9	5	6	6	5	0
1	0	2	5	1	0
1	2	1	1	0	7
5	2	9	1	9	9
6	8	9	2	5	7
3	5	7	8	2	8
8	4	7	5	7	2
8	4	6	5	7	4
3	7	4	3	0	2
5	8	2	7	1	1
2	1	6	5	8	3
4	7	2	8	2	2

Q _____ Q	F _____ F
R _____ E	Z _____ Z
H _____ F	H _____ H
D _____ K	H _____ U
R _____ U	U _____ U
S _____ S	K _____ K
O _____ O	P _____ Z
P _____ R	U _____ A
X _____ X	N _____ H
U _____ A	H _____ H
S _____ S	G _____ F
D _____ D	G _____ H

Allgemeines

Bitte lesen Sie zunächst alle Fragen durch.

Sie stehen jetzt nicht mehr unter Zeitdruck.

Beantworten Sie die Fragen kurz, nur Fakten zählen!

Bitte geben Sie bei Ihren Antworten nur Gedanken aus dem gelesenen Artikel wieder, also keine zusätzlichen Meinungen.

Ich wünsche Ihnen viel Erfolg.

Nun zu den Fragen und Antworten:

1. Frage
Welches ist das Hauptziel des Brainstorming:

Ideen zu produzieren,
die womöglich bei der
Lösung eines Problems
helfen könnten.

2. Frage
Warum bringen Brainstorming-Konferenzen
mehr und bessere Ideen:

a) Weil die Ideen nicht
wie in traditionellen
Konferenzen gleich „zerredet"
werden. D.h. die Ideen sie werden un-
kritisch notiert jede Idee
wird berücksichtigt

b) Auch sensible Denker
können Ideen so ohne
Angst vor Ablehnung einbringen.

3. Frage

Nennen Sie bitte die 4 Regeln des Brainstormings:

a) Keine Kritik

b) Jede Idee wird aufgenommen

c) Je ungeheurer die Idee desto besser

d) Die Ideen des andern weiterentwickeln

c) Es werden mehr Ideen produziert. Darüber hinaus setzt die Idee eines Teilnehmers Assoziationen der anderen Teilnehmer in Gang (Kettenreaktion). Auch so entstehen viele Ideen.

4. Frage

Bitte erläutern Sie kurz jede der 4 Grundregeln aus Frage 3:

a) Damit auch sensible Denker Ideen äußern. Damit Ideen nicht zerredet werden. Sitzung hat den alleinigen Zweck der Ideenfindung. Deren Bewertung erfolgt in einer anderen Sitzung

b) Jede Idee, mag sie noch so abwegig erscheinen wird berücksichtigt, da sie zur Lösung des Problems beitragen kann.

c) Manche Ideen die sehr ausgefallen ungewöhnlich sind, hat sich beim Durchdenken in die Realität schon als sehr nützlich erwiesen unkonventionelle, kreative Ideen generieren.

d) _Die Ideen der anderen sollen morgen weiterentwickelt werden, da so_

5. Frage
Wer sollte an Brainstorming-Sitzungen teilnehmen:

Aus allen Bereichen der Unternehmenshierarchie. Nicht nur Experten, sondern auch Leuten, die so sonst überhaupt nicht mit dem Thema befassen. So kann Problemstellung vonwickelt werden

6. Frage

Welches ist die optimale Teilnehmerzahl:

8 - 12

7. Frage

Welches sind die Hauptaufgaben eines Leiters
einer Brainstorming-Sitzung:

Vorstellung der 4 Grund
regeln.

Eingreifen wenn entweder

a) ein Teilnehmer zu lange
spricht oder

b) wenn eine Pause ent-

steht, die zu lang
ist.

8. *Frage*

Was verstehen Sie unter Inkubationszeit in diesem Zusammenhang:

Viele Idee kommen den Sitzungsteilnehmern erst nach der Sitzung. Deshalb ist es sinnvoll eine gewisse Zeit nach der Sitzung festzulegen, in der die Teilnehmer Ideen nachreichen können. Das versteht man unter Inkubationszeit

Bitte überprüfen Sie nun durch nochmaliges Überlesen des Aufsatzes die Richtigkeit Ihrer Antworten.

Der Aufsatz beginnt auf Seite 217.

Ein persönliches Wort zum Schluß:

Sie haben nun Ihr 25-Tage-Programm beendet
und damit Ihre Lesegeschwindigkeit und Ihre
Behaltensquote wesentlich verbessert. Außerdem
haben Sie damit eine gute Basis für noch bessere
Leseleistungen und für ein noch größeres Lesevergnügen gelegt.
Zu alledem beglückwünsche ich Sie herzlich!

Bei meinen Vorbereitungen habe ich folgende
Literatur verwendet:

1 Baker, William D.: Reading Skills, Rockford
College, Prentice-Hall, Inc., Englewood Cliffs,
N. J. 1953

2 Blake, Wil.: Reading Inprovement Program,
IBM Corp., Poughkeepsie, New York

3 Fry, Edward: Reading faster, Cambridge University Press, 1965

4 Greber Dr., Emil: Rationeller Lesen, Institut für
optimale Arbeits- und Lebensgestaltung
Josef Hirt, Zürich 1962

5 Shefter, Harry: Faster Reading self-taught,
Division of General Education, New York
University, 1964

6 Trogsch, Friedrich: Lernen leichter gemacht,
VEB Bibliographisches Institut, Leipzig 1966

7 Wrenn, C. Gilbert and Cole, Luella: Reading
Rapidly and well, Stanford University Press,
California, 1965

8 Zielke, Wolfgang: Schneller lesen — besser
lesen, Verlag moderne Industrie, München 1965

9 Zielke, Wolfgang: Schneller lesen, selbst trainiert
Verlag moderne Industrie, München 1969.

**Erläuterungen zu den folgenden
Vordrucken:**

1 Das sind die 25 Tage Ihres Leseprogramms.

2 Tragen Sie hier bitte das Datum der
Bearbeitung ein.

3 Tragen Sie hier Ihre Lesegeschwindigkeit
(z. B. 250 WpM) und Ihre Bewertung ein.

4 Hier bitte Lesedauer in Minuten, Lesegeschwindigkeit (S. 17 u. 19 beachten) und eine Bewertung
eintragen.

Bitte verwenden Sie die Auswertungsfragen
(Kärtchen). Beurteilen Sie Ihre Leistung selbst,
z. B. 1 = sehr gut, 2 = gut, 3 = befriedigend,
4 = ausreichend, 5 = mangelhaft.

5 Bitte bei jedem Durchgang abhaken.

6 Die Zahl der Fehler hier eintragen. An den
folgenden Tagen wiederholen, bis es fehlerfrei
geht. Auch den Leistungsfortschritt eintragen.

7 Bitte täglich dreimal üben. Erläuterungen auf
den Seiten 14 ff. beachten.

8 Diese Übungen jeweils auch an den folgenden
3 Tagen wiederholen.

9 Für jede einwandfrei gelöste Seite haken Sie
bitte ein Feld ab. Nicht voll gelöste Seiten am
nächsten Tag wiederholen.

10 Wie unter 9.

11 Auch diese Übungen erst als erledigt abhaken,
wenn sie fehlerfrei gelöst wurden.

Um den Gebrauch des Buches für mehrere Personen zu erleichtern, haben wir die Doppelseite zur Programmkontrolle
nachfolgend dreimal abgedruckt.

1	2	3		4		5	6
Tag	Datum	Lesetest		Tägliches Lesetraining		Konzentrations-training	Antiregreß-training
		WpM	Bwtg	Dauer	WpM behalten		
1							
2							
3							
4							
5							
6							
7							
8	26.6						
9	29.6						
10							
11							
12							
13	2.7.08						
14							
15							
16							
17							
18							
19							
20							
21							
22							
23							
24							
25							

20min/170%

7	Aufblend-Übungen	
8	Augen-Gymnastik	Seite 195 Seite 158 Seite 118 Seite 89 Seite 40
9	Normalisierung der Blickspanne	
10	Blickspann-normalisierung & Sprung-Lese-Übung	
11	Kombiniertes Training	

1	2	3		4		5	6
Tag	Datum	Lesetest		Tägliches Lesetraining		Konzentrations-training	Antiregreß-training
		WpM	Bwtg	Dauer	WpM behalten		
1							
2							
3							
4							
5							
6							
7							
8							
9							
10							
11							
12							
13							
14							
15							
16							
17							
18							
19							
20							
21							
22							
23							
24							
25							

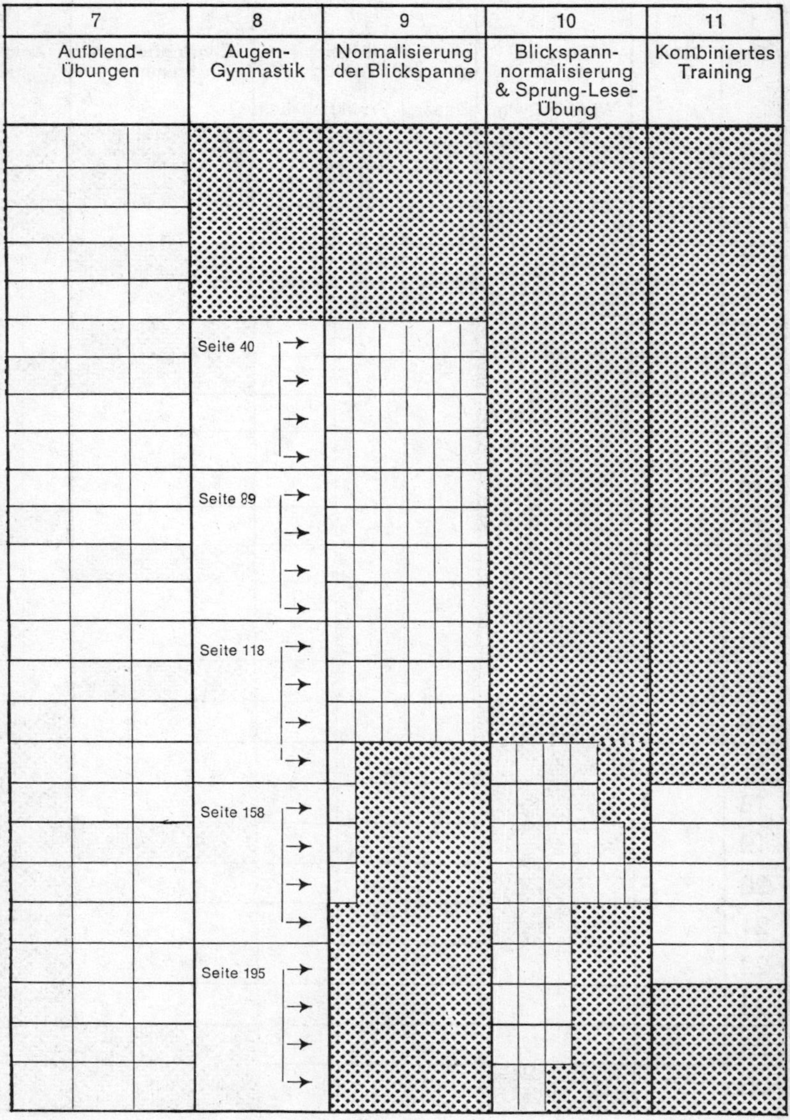
7
Aufblend-Übungen
8
Augen-Gymnastik
9
Normalisierung der Blickspanne
10
Blickspann-normalisierung & Sprung-Lese-Übung
11
Kombiniertes Training
Seite 40
Seite 89
Seite 118
Seite 158
Seite 195

1	2	3		4		5	6
Tag	Datum	Lesetest		Tägliches Lesetraining		Konzentrations-training	Antiregreß-training
		WpM	Bwtg	Dauer	WpM behalten		
1							
2							
3							
4							
5							
6							
7							
8							
9							
10							
11							
12							
13							
14							
15							
16							
17							
18							
19							
20							
21							
22							
23							
24							
25							

7	8	9	10	11
Aufblend-Übungen	Augen-Gymnastik	Normalisierung der Blickspanne	Blickspann-normalisierung & Sprung-Lese-Übung	Kombiniertes Training

Seite 195

Seite 158

Seite 118

Seite 99

Seite 40

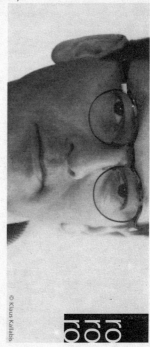

S 4/2

© Klaus Kallabis

Christoph Drösser

Stimmt's, Herr Drösser, dass Ihre Bücher süchtig machen?

Stimmt's?
Moderne Legenden im Test
rororo 60728
«Bier auf Wein, das lass sein –
Wein auf Bier, das rat ich dir.»
Stimmt's? Alltagsweisheiten auf
dem Prüfstand.

Stimmt's?
Noch mehr moderne Legenden
im Test. rororo 60933

Stimmt's?
Neue moderne Legenden im Test
rororo 61489

Stimmt's?
Freche Fragen, Lügen und
Legenden für clevere Kids
rororo 21310
Stimmt's, dass Pinguine umfallen,
wenn Flugzeuge über sie hinweg-
fliegen? Gähnen ansteckend ist?
Pupse brennbar sind? Schokolade
süchtig macht? Christoph Drösser,
Redakteur der «Zeit» und science-
Buchautor, macht Schluss mit
Lügen und Legenden.

Stimmt's?
Moderne Legenden im Test –
Folge 4
Auch nach acht Jahren reißt der
Strom der Fragen nicht ab, mit
denen die «Zeit»-Leser Christoph
Drösser löchern. Hier sind 100
Themen aus den letzten drei
Jahren versammelt.

Christoph Drösser
Stimmt's?
Folge 4
Moderne Legenden im Test –

rororo 62064

Weitere Informationen in der Rowohlt Revue oder unter www.rororo.de

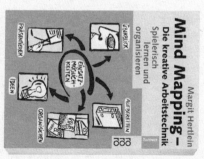

S 40/2

© Catrin Günther

Lesen bildet: rororo

«Wir nutzen nur zehn Prozent unseres geistigen Potenzials.» Albert Einstein

Hans Jürgen Eysenck
Intelligenz-Test
3-499-16878-2

Mit diesem Buch kann jeder ohne
Lampenfieber und Prüfungsdruck
seinen IQ selbst ermitteln.

Walter F. Kugemann/
Bernd Gasch
Lerntechniken für Erwachsene
3-499-17123-6

A. M. Textor
Sag es auf Deutsch
Das Fremdwörterlexikon. Über
20 000 Fremdwörter aus allen
Lebensgebieten. 3-499-61426-X
Sag es treffender
Ein Handbuch mit über 57 000
Verweisen auf sinnverwandte
Wörter und Ausdrücke für den
täglichen Gebrauch. 3-499-61388-3

Ernst Ott
Optimales Lesen
Schneller lesen – mehr behalten.
Ein 25-Tage-Programm
3-499-16783-2

Margit Hertlein
Mind Mapping –
Die kreative Arbeitstechnik
Spielerisch lernen und
organisieren
Überarbeitete Neuausgabe mit ak-
tuellen Informationen zum Einsatz
von Mind-Mapping-Software!

3-499-61190-2

Weitere Informationen in der Rowohlt Revue oder unter www.rororo.de

Beruflicher Erfolg mit rororo

Optimal organisiert, erfolgreich und sozial kompetent

Frank Naumann
Die Kunst des Smalltalk
Leicht ins Gespräch kommen, locker Kontakte knüpfen
3-499-60847-2

Frank Naumann
Die Kunst der Diplomatie
Zwanzig Gesetze für sanfte Sieger
3-499-61570-3

Cornelius Buchmann/
Herbert Künzel
Freiberuflich arbeiten
Wie sie als Selbständiger ihre Finanzen optimal organisieren und sich sozial absichern
3-499-60570-8

Maren Fischer-Epe
Stark im Beruf –
erfolgreich im Leben
Persönliche Entwicklung und Selbst-Coaching 3-499-61695-5

Margit Hertlein
Präsentieren –
vom Text zum Bild
3-499-61571-1

Hans-Georg Huber/
Hans Metzger
Sinnvoll erfolgreich
Sich selbst und andere führen
Sinn und Erfolg driften immer mehr auseinander: Dabei müssen sich Karriere und «Mensch-Sein» keineswegs ausschließen, wie die Autoren nachweisen.

3-499-61936-9

Weitere Informationen in der Rowohlt Revue oder unter www.rororo.de

rororo

**Expertenrat bei rororo
Glück, Zufall, Angst – und wie wir
ein gutes Leben führen können**

**Stefan Klein
Die Glücksformel**

oder *Wie die guten Gefühle entstehen*

Experimente offenbaren, wie in unseren Köpfen das Phänomen «Glück» entsteht – und sie eröffnen zugleich neue Möglichkeiten, das Glücklichsein zu lernen. Denn Glück ist trainierbar.

rororo 61513

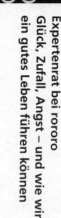

**Stefan Klein
Alles Zufall**

Die Kraft, die unser Leben bestimmt

In einer zunehmend unübersichtlichen Welt scheint das Leben zum Spielball des Zufalls zu werden. Während Wissenschaftler früher vor dem Chaos im Universum erschraken, erkennen sie jetzt die schöpferische Seite des Zufalls.

rororo 61596

**Borwin Bandelow
Das Angstbuch**

Woher Ängste kommen und wie man sie bekämpfen kann

Wie kommt es, dass Menschen von Angst zerfressen werden? Borwin Bandelow informiert anschaulich darüber und stellt die wichtigsten Strategien gegen die Angst vor.

rororo 61949